Frauke Rüffel

Sprachbausteine Deutsch B2 BERUF
Teil 1 (mit Lösungen)

**50 Arbeitsblätter für Lernende und Lehrende
in Basisberufssprachkursen**

AF285306

Bibliografische Information der Deutschen Nationalbibliothek:
Die Deutsche Nationalbibliothek verzeichnet diese Publikation in der Deutschen Nationalbibliografie; detaillierte bibliografische Daten sind im Internet über http://dnb.dnb.de abrufbar.

Herstellung und Verlag: BoD – Books on Demand, Norderstedt

ISBN: 978-3-753436-13-5

Vorwort

Liebe Lernende und Lehrende,

am Ende eines Basisberufssprachkurses mit dem Ziel B2 nach dem Gemeinsamen Europäischen Referenzrahmen (GER) steht eine standardisierte Abschlussprüfung. Inhaltliches Fundament dieser verpflichtenden Abschlussprüfung ist der BAMF-Lernzielkatalog, in dem alle wichtigen Lernziele mit 1250 Sprachhandlungen in elf arbeitsweltlichen Handlungsfeldern vorgeben sind.

Die vorliegende Arbeitsblattsammlung, die sich an diesem Lernzielkatalog orientiert, enthält 50 Arbeitsblätter, die drei Handlungsfeldern zugeordnet werden können:

I Arbeitssuche und Bewerbung
II Arbeitsantritt
III Arbeitsalltag (Innerbetriebliche Kommunikation)

Die Arbeitsblätter sind gut geeignet, um den vermittelten Lernstoff in Basisberufssprachkursen zu wiederholen, zu automatisieren oder zu ergänzen.

B2-Lernende kennen bereits den Aufgabentyp „Sprachbausteine", aber das Lösen der meisten Aufgaben auf diesen Arbeitsblättern erfordert umfassendere Sprachkompetenzen. *Bevor ein bestimmtes Wort in den Satz eingefügt werden kann, muss überprüft werden, ob es sich um eine flektierbare Wortart handelt, die bestimmten grammatischen Strukturen angepasst werden muss.*

Viel Spaß und Erfolg beim Einsatz der Arbeitsblätter wünscht allen Lernenden und Lehrenden

Franke Rüffel

Inhaltsverzeichnis

I Arbeitssuche und Bewerbung

II Arbeitsantritt

III Arbeitsalltag (Innerbetriebliche Kommunikation)

Arbeitsblätter

AB 1: Nach Beendigung des Arbeitsverhältnisses © FR

Füllen Sie die Satzlücken mit Verben und verwenden Sie dabei jedes Wort nur einmal.

verpflichten ★ nehmen ★ zeigen ★ erweitern ★
★ melden ★ stellen ★ beenden ★ erfüllen ★ vorlegen ★
★ machen ★ halten ★ beraten ★ beantragen ★ bekommen ★

1 Ein Beschäftigungsverhältnis wird aus personen-, verhaltens- oder betriebsbedingtem Grund _____ .

2 Man kann sich bereits arbeitsuchend _____ , wenn eine Kündigung droht.

3 Wer arbeitslos ist, hat bereits seine Arbeit verloren und kann staatliche Hilfen in Anspruch _____ .

4 Ohne Angaben zur Person zu _____ , erhält man keine Hilfe von der Bundesagentur für Arbeit.

5 Zur Beantragung des Arbeitslosengeldes muss man den alten oder den befristeten Arbeitsvertrag _____ .

6 Einen Anspruch auf Arbeitslosengeld hat man, wenn man die Anwartschaft _____ , also eine bestimmte Zeit versicherungspflichtig beschäftigt war.

7 Arbeitslosengeld kann man auch online _____ , indem man das Angebot „eServices Geldleistungen" des Portals der Arbeitsagentur nutzt.

8 Die Agentur für Arbeit _____ ihre Kunden persönlich zu beruflichen Entwicklungsmöglichkeiten.

9 Als Kunde der Arbeitsagentur müssen sie sich an die Eingliederungsvereinbarung _____ .

10 Mithilfe einer Weiterbildungsmaßnahme kann man seine beruflichen Kenntnisse und Fähigkeiten _____ .

11 Wer schnell eine neue Arbeit sucht, _____ ein großes Interesse an Jobangeboten.

12 Die Bundesagentur für Arbeit _____ auf ihrer Webseite alle Informationen auch in leichter Sprache oder Gebärdensprache zur Verfügung.

13 Ändert sich die Höhe des Arbeitslosengeldes oder endet der Anspruch, _____ man einen Aufhebungsbescheid.

14 Als Kunde der Arbeitsagentur _____ man sich zur aktiven Mitwirkung bei der Arbeitssuche.

AB 2 : **Herr Hussans Kündigung** (Präpositionen) © FR

Füllen Sie die Satzlücken mit Präpositionen.
Verwenden Sie dafür einige Wörter
mehrfach.

★ nach ★ auf ★ bei ★ aufgrund ★ von ★ zu *(zur)* ★
★ an *(am)* ★ seit ★ um ★ innerhalb ★ trotz ★
★ vor ★ als ★ während ★ über ★

1 _____ der schlechten wirtschaftlichen Lage hat Herr Hussan eine Kündigung erhalten.

2 _____ er in einem Logistikunternehmen _____ Buchhalter seine Tätigkeit begann, hat er nie _____ eine Kündigung gedacht.

3 _____ der ersten drei Tage _____ Erhalt seiner Kündigung meldete er sich arbeitssuchend.

4 _____ kommenden Montag _____ 9 Uhr hat er einen Beratungstermin _____ seiner Arbeitsberaterin.

5 Herr Hussan wird _____ seiner Zeit als Arbeitssuchender _____ der Agentur für Arbeit unterstützt.

6 Er hat Anspruch _____ das Arbeitslosengeld I, da er _____ fünf Jahren versicherungspflichtig beschäftigt war.

7 Seinen Antrag _____ Arbeitslosengeld kann er auch online stellen.

8 Herr Hussan muss keine Angst _____ Sanktionen wie Sperrungen und Kürzungen haben.

9 Er hat großes Interesse _____ einem neuen Job und bewirbt sich _____ vielen Firmen.

10 Herr Hussan hat die Pflicht, sich _____ die Eingliederungsvereinbarung zu halten.

11 Außerdem ist er verpflichtet, Angaben _____ seiner Person zu aktualisieren.

12 Wenn er in drei Wochen heiratet, informiert er die Arbeitsagentur _____ die Änderung seines Familienstandes.

13 Wenn er einen Beratungstermin nicht wahrnehmen kann, bittet er telefonisch _____ eine Verschiebung des Termins.

14 _____ seiner positiven Einstellung _____ Arbeit, hat er das Recht, angebotene Stellen begründet abzulehnen.

AB 3: Einladung zum Vorstellungsgespräch © FR

Markieren Sie das passende Wort.

	a	b	c
1	Sie	Ihnen	dir
2	für	mit	an
3	daher	aufgrund	dafür
4	für	zu	zum
5	nach	über	für
6	der	einen	dem
7	kommen	wahrnehmen	nehmen
8	zeitnah	bald	jetzt
9	für	das	um
10	welches	die	mit denen

Erfurt, den …

Sehr geehrte Frau Sukolova,

wir bestätigen -1- den Eingang Ihrer Bewerbung für die Stelle als Bauingenieurin und bedanken uns für Ihr Interesse -2- einem Beschäftigungsverhältnis in unserem Unternehmen.

Ihre Bewerbung hat uns gefallen und Sie entsprechen in vollem Umfang unserem Bewerberprofil. -3- würden wir Sie gern persönlich kennenlernen und laden Sie -4- einem Vorstellungsgespräch am 5. Mai … um 10 Uhr in unser Unternehmen in … ein.

Bitte melden Sie sich in der Personalabteilung und fragen Sie -5- Herrn Kowalski, -6- Leiter der Abteilung Projektentwicklung. Er wird zusammen mit dem Geschäftsführer unseres Unternehmens, Herrn Dr. Fleischer, das Gespräch mit Ihnen führen.

Sollten Sie den Termin nicht -7- können, bitten wir Sie, uns -8- telefonisch oder per E-Mail zu kontaktieren, um eine Terminverschiebung zu vereinbaren.

Wir bitten -9- Verständnis, dass Kosten, -10- in Zusammenhang mit dem Bewerbungsgespräch entstehen sollten, nicht erstattet werden.

Wir freuen uns auf Sie.

Mit freundlichen Grüßen
S. Fischer
Personalleiter

AB 4: Absagen und Zusagen verstehen © FR

Füllen Sie die Satzlücken und verwenden Sie dabei jedes Wort nur einmal. *Markieren Sie die* **Zu** ☺ *- und Absagen* ☹.

★Bedauern★Arbeitsvertrag★Stelle★Entscheidung★
★Fachkompetenz★darüber★berücksichtigen★Verständnis★
★Freude★Entlastung★Qualifikation★danken★
★Bescheid★weiterhin★Verbindung★

1 Zu unserem _____ müssen wir Ihnen leider mitteilen, dass wir Ihre Bewerbung leider nicht _____ konnten. ☺ ☹

2 Ihre berufliche _____ und Ihr kompetentes Auftreten im Vorstellungsgespräch haben uns überzeugt. ☺ ☹

3 Ihre _____ hat uns beeindruckt. Dennoch haben wir uns für einen anderen Bewerber entschieden. ☺ ☹

4 Ihre Unterlagen senden wir Ihnen zur _____ zurück. ☺ ☹

5 Unsere _____ stellt keine negative Bewertung Ihrer Bewerbung dar. ☺ ☹

6 Heute können wir Ihnen einen positiven _____ geben. ☺ ☹

7 Wir sind glücklich _____, Sie bald in unserem Team begrüßen zu dürfen. ☺ ☹

8 Wir wünschen Ihnen _____ viel Erfolg für eine berufliche Zukunft. ☺ ☹

9 Wir wollen Ihnen gern die _____ als … anbieten. ☺ ☹

10 Haben Sie bitte _____ dafür, dass Sie keine Zusage erhalten. ☺ ☹

11 Unser Abteilungsleiter Herr Hussan wird sich in den nächsten Tagen mit Ihnen in _____ setzten, um weitere Details zu besprechen. ☺ ☹

12 Wir _____ Ihnen für Ihre Zeit, die Sie in Ihre Bewerbung investiert haben. ☺ ☹

13 Falls Sie noch Fragen zum mitgeschickten _____ haben, kontaktieren Sie bitte Frau Lennert unter der Telefonnummer … . ☺ ☹

14 Wir sagen Ihnen mit _____ die Stelle als … zu. ☺ ☹

AB 5: Ihre Fragen im Bewerbungsgespräch © FR

Füllen Sie die Satzlücken mit Nomen und verwenden Sie dabei jedes Wort nur einmal.

★Studium★Abteilung★Entwicklungschancen★
★Home-Office★Probleme★Überstunden★
★Unternehmenskultur★Entscheidung★Leistung★
★Weiterbildungsmöglichkeiten★Einarbeitung★
★Erfolg★Stellenwert★Verantwortungsbereiche★

1 Könnten Sie mir erläutern, welche _____ ich in der Abteilung übernehmen soll?

2 Könnten Sie mir bitte sagen, wann ich mit einer _____ rechnen kann?

3 Ich würde gern wissen, wie Sie _____ in Ihrem Unternehmen für diese Position definieren?

4 Mich interessiert die Frage, welche _____ ich in Ihrem Unternehmen habe.

5 Ist es möglich, in Ihrem Unternehmen ein duales _____ zu absolvieren?

6 Könnten Sie mir ein paar Informationen zu meiner _____ geben?

7 Wie groß ist die _____, in der ich arbeiten werde?

8 Ich würde gern wissen, welchen _____ der Umweltschutz in Ihrem Unternehmen hat.

9 Wie würden Sie die _____ beschreiben?

10 Könnten Sie mir beschreiben, welche aktuellen _____ in meinem Team gelöst werden müssen?

11 Welche _____ hätte ich als neue Mitarbeiterin in Ihrem Betrieb?

12 Darf ich fragen, wie in Ihrer Firma _____ gemessen und bewertet wird?

13 Haben Sie für Ihre Mitarbeiter eine Regelung für das _____?

14 Werden _____ bezahlt oder abgefeiert?

AB 6: Terminieren

Füllen Sie die Satzlücken mit Verben und verwenden Sie dabei jedes Wort nur einmal.

★ wahrnehmen ★ vereinbaren ★ erhalten ★ vorschlagen ★
★ absagen ★ bestätigen ★ geben lassen ★ bitten ★ festlegen ★
★ verschieben ★ holen ★ ausmachen ★
★ versäumen ★ absprechen ★

1	Um die Projektleitung festzulegen, müssen wir noch unbedingt einen Termin _____ .
2	In der vergangenen Woche haben wir Ihnen einen Terminvorschlag für die Renovierungsarbeiten geschickt, aber Sie haben den Termin noch nicht _____ .
3	Wenn Sie den Termin nicht _____ können, bitten wir Sie, uns rechtzeitig zu kontaktieren.
4	Aufgrund der Erkrankung unseres Abteilungsleiters müssen wir den Besprechungstermin leider _____ .
5	Wer sich über Innovationen auf dem Mobilfunkmarkt informieren möchte, sollte den Termin am 20. Juli nicht _____ .
6	Frau Murat hat leider ihren Termin nicht _____ , sodass wir gezwungen sind, eine Pause zu machen.
7	Mir wurde empfohlen, sich einen Termin beim Betriebsarzt zu _____ , da ich von dem neuen Material einen Ausschlag bekommen habe.
8	Für das Mitarbeitergespräch habe ich bedauerlicherweise erst einen Termin in zwei Wochen _____ .
9	Könnten wir in der Mittagspause einen Termin für die Urlaubsplanung _____ , Frau Hussan?
10	John, wir sollten noch einen Termin _____ , wann wir den LKW beladen.
11	Schwester, der Patient muss sich noch einen Termin zur Darmspiegelung _____ _____ .
12	Die Firma _____ um einen Termin für die Lieferung der Bauteile.
13	Welchen Impftermin haben Sie den Insassen des Pflegeheimes _____ ?
14	Rufen Sie mich bitte an, um den Termin für die Betriebsratswahl _____ .

AB 7: **Sich bewerben** © FR

Füllen Sie die Satzlücken mit Nomen und verwenden Sie dabei jedes Wort nur einmal.

★Bewerber★Bewerbungsdesign★Arbeitgeber★
★Konjunktiv★Bewerbungsmuster★Bewerberprofil★Stelle★
★Lebenslauf★Hochschule★Bildermappe★Anerkennung★
★Stellenanzeigen★Studienplatz★Qualifikationen★Amt★

1	Ich bewerbe mich um eine _____ als Mechatroniker in Ihrem Autohaus.
2	Vor einigen Wochen bewarb ich mich um das _____ des Bürgermeisters.
3	Obwohl ich mich auf viele _____ beworben hatte, fand ich keine Beschäftigung in meinem Beruf.
4	Für meine Bewerbung benötige ich die _____ meines polnischen Berufsabschlusses.
5	Es ist mein Plan, mich mit dieser _____ an der Kunsthochschule zu bewerben.
6	Es ist möglich, dass Sie nicht alle _____ aus dem Stellenprofil erfüllen.
7	Man sollte für seine gesamten Bewerbungsunterlagen ein _____ benutzen, das einheitlich ist und zum Unternehmen und zur Branche passt.
8	Bevor ich mich bewerbe, informiere ich mich immer über potenzielle _____.
9	Es macht keinen guten Eindruck, wenn Sie ein kopiertes _____ aus dem Internet benutzen.
10	Ich bewerbe mich an der _____ um einen _____ in der Fachrichtung Maschinenbau.
11	Ein Vorteil einer Initiativbewerbung liegt darin, dass man als _____ meist keine Konkurrenten hat.
12	Im Bewerbungsschreiben sollte man auf die Verwendung des _____ verzichten.
13	Zu den wichtigsten Bewerbungsunterlagen gehört ein _____, der tabellarisch sein sollte.
14	Ihr _____ beschreibt mit wenigen Worten Ihre Kernkompetenzen und Qualifikationen.

AB 8: **Wortbedeutungen kennen** (Nomen) ©FR

Füllen Sie die Satzlücken mit Nomen und verwenden Sie dabei jedes Wort nur einmal.

★Berufsfeld★Jobbörse★Berufsbild★Initiativbewerbung★
★duale Ausbildung★Hard Skills★Führungskraft★
★Bewerberprofil★Arbeitszeugnis★Soft Skills★Referenz★
★Arbeitsentgelt★beruflicher Werdegang★Facharbeiter★

1	Der berufliche Entwicklungsprozess wird auch als bezeichnet.
2	Ein beschreibt alle Tätigkeiten während oder nach der Ausbildung in einem spezifischen Beruf.
3	Eine Ausbildung an zwei Lernorten – im Betrieb und in der Berufsschule – nennt man .
4	Ein ist ein Beleg über die Leistung und die Erfolge eines Arbeitnehmers bei Beendigung des Arbeitsverhältnisses.
5	Ähnliche Berufe werden in einem zusammengefasst.
6	Das ist eine Kurzdarstellung der Kernkompetenzen und Qualifikation eines Bewerbers.
7	Arbeitnehmer mit technischer oder gewerblicher Ausbildung werden als bezeichnet.
8	Das Online-Portal für Stellenausschreibungen der Arbeitgeber heißt .
9	Eine ist eine schriftliche berufliche Empfehlung für einen Bewerber von einem Lehrer, Professor oder ehemaligen Vorgesetzten.
10	Persönliche und soziale Kompetenzen nennt man .
11	sind berufsspezifische Qualifikationen und Kenntnisse.
12	Als bezeichnet man die Gegenleistung des Arbeitgebers für die Arbeitsleistung des Arbeitnehmers.
13	bedeutet, dass eine Bewerbung bei einem Unternehmen ohne vorherige Stellenausschreibung erfolgt.
14	Eine ist eine Person, die Aufgaben der Personalführung übernimmt.

★ erfüllen ★ absolvieren ★ bewerben ★ sammeln ★
★ aufbauen ★ vorbereiten ★ erweitern ★ stehen ★
★ reizen ★ abschließen ★ werden ★ ausüben ★ bieten ★

Bewerbung um einen Ausbildungsplatz als Friseur

Sehr geehrter Frau Heller,

ich möchte mich um einen Ausbildungsplatz als Friseur in Ihrem Erfurter Salon 1⬚.
Mich 2⬚ diese berufliche Tätigkeit, weil ich gern mit und für Menschen arbeite und Freude an einer kreativen Tätigkeit habe.

Ich habe die 9. Klasse 3⬚ und ein Berufsvorbereitungsjahr an der Berufsschule „Von Zach" in Gotha 4⬚.
Meine Heimat ist Afghanistan, aber nun lebe ich in Deutschland. Inzwischen spreche ich schon sehr gut Deutsch und 5⬚ mich gerade auf die B2-Sprachprüfung 5⬚.
Mein großer Wunsch ist es, in einem Friseursalon zu arbeiten. Darum habe ich 20… ein Praktikum bei einem Friseur in Erfurt gemacht und konnte dabei erste berufliche Erfahrungen in einem deutschen Unternehmen 6⬚. In meiner Heimat habe ich zwar schon Tätigkeiten eines Friseurs 7⬚, aber jetzt möchte ich meine Fähigkeiten und mein Wissen durch eine solide Ausbildung 8⬚.
Ich denke, dass mein handwerkliches Geschick, mein respektvoller und freundlicher Umgang mit den Kunden gute Voraussetzungen dafür 9⬚, die Anforderungen der Friseurausbildung zu 10⬚.

Ich 11⬚ mich freuen, wenn ich mir durch eine gute Berufsausbildung eine berufliche Zukunft 12⬚ kann. Gern möchte ich Ihr Friseurteam verstärken und eine gute Arbeit leisten. Ich bin pünktlich und zuverlässig.

Für ein persönliches Vorstellungsgespräch 13⬚ ich Ihnen gern zur Verfügung.

Mit freundlichen Grüßen   Gotha, den …………...

Assem Ibrahim

Bewerbung um einen PTA – Ausbildungsplatz

Sehr geehrter Herr Dr. A. Schöffel,

hiermit bewerbe ich mich 1⬚ einen Ausbildungsplatz für den Beruf der pharmazeutisch-technischen Assistentin an Ihrem Bildungswerk 2⬚ Gesundheitsberufe.

Ich komme 3⬚ Syrien und bin 19 Jahre alt. In meiner Heimat absolvierte ich die Realschule und ging dann 4⬚ ein Gymnasium, um das Abitur abzulegen. 5⬚ die politische Situation in meiner Heimat konnte ich nur die 11. Klasse beenden. Seit 2017 lebe ich in Deutschland und suche jetzt 6⬚ einer beruflichen Perspektive.

Mein Wunsch ist es, als PTA in einer Apotheke zu arbeiten.
Am 11. Mai 2019 habe ich einen berufsbezogenen B2-Sprachkurs 7⬚ der TELC-Prüfung beendet und warte nun 8⬚ mein Ergebnis. Im Deutschkurs erzielte ich gute bis sehr gute Ergebnisse 9⬚ mündlichen und schriftlichen Bereich.

Ich würde gern die Ausbildung zur PTA absolvieren, da mich die Pharmazie sehr interessiert. In der Schule zeigte ich großes Interesse 10⬚ naturwissenschaftlichen Fächern und an experimentellen und analytischen Aufgabenstellungen.

Ich bin ein ehrgeiziger, zuverlässiger und einfühlsamer Mensch, dessen beruflicher Erfolg ein wichtiges Lebensziel darstellt. Im Umgang 11⬚ Menschen bin ich aufgeschlossen und kommunikativ. Es gehört zu meiner positiven Arbeitseinstellung, immer eine sorgfältige und exakte Arbeitsweise anzustreben.

Für mich geht ein Traum 12⬚ Erfüllung, wenn ich die Ausbildung als PTA absolvieren kann und deshalb würde ich mich freuen, wenn Sie mir die Gelegenheit 13⬚ einer persönlichen Vorstellung geben.

Mit freundlichen Grüßen   Weimar, den 16.05…
Amina Abutay

Füllen Sie die Satzlücken und verwenden Sie dabei jedes Wort nur einmal.

★ bisher ★ während ★ stehen ★ als ★ können ★ sammeln ★
★ vorstellen ★ um ★ fallen ★ Festanstellung ★ festen ★ zur ★
★ Produktionsabläufe ★ Leiharbeiter ★ daher ★ werden ★

Bewerbung 1 _____ **Produktionshelfer**

Sehr geehrte Damen und Herren,

ich bewerbe mich um eine **2** _____ in Ihrem Betrieb in Ohrdruf.

Seit dem 16.02. … bin ich als **3** _____ in Ihrem Unternehmen tätig.

Ich arbeite in Halle 6 als Produktionshelfer.

4 _____ meiner Tätigkeit in Ihrem Unternehmen erhielt ich einen Einblick in die **5** _____ und konnte wertvolle Erfahrungen **6** _____ .

Die Arbeit als Produktionsarbeiter gefällt mir sehr, da wir im Team arbeiten. **7** _____ war der Meister mit meiner Arbeit zufrieden. **8** _____ schlug er mir auch vor, mich **9** _____ eine feste Anstellung zu bewerben.

Ich **10** _____ mir eine berufliche Zukunft in Ihrem Unternehmen **11** _____ und
12 _____ mich freuen, wenn Sie mich als
13 _____ Mitarbeiter einstellen. Ich bin zuverlässig, verantwortungsbewusst und flexibel. Ich lerne gern Neues und es **14** _____ mir nicht schwer, mich in neue Arbeitsaufgaben einzuarbeiten.

Zu einem persönlichen Gespräch **15** _____ ich Ihnen jederzeit gern **16** _____ Verfügung.

Mit freundlichen Grüßen

Roman Rostov   Ohrdruf, den …

AB 12: Wünsche zum ersten Arbeitstag © FR

Füllen Sie die Satzlücken mit Nomen und verwenden Sie dabei jedes Wort nur einmal.

★ Start ★ Erfolg ★ Gelingen ★ Einarbeitung ★
★ Zukunft ★ Umsatz ★ Arbeitsteam ★ Eindrücken ★
★ Zusammenarbeit ★ Arbeit ★ Gute ★
★ Arbeitsstelle ★ Job ★ Freude ★

1 Herzlich Willkommen in unserem _____ !

2 Glückwünsche zur neuen _____ und mach das Beste daraus!

3 Alles _____ zum Arbeitsbeginn in unserem Team!

4 Viel Spaß und _____ am ersten Arbeitstag in unserer Abteilung!

5 Auf eine gute _____ in unserem Team!

6 Gutes _____ beim Start ins Berufsleben, Herr Hussan!

7 Wir wünschen Ihnen als Verkäufer einen guten _____ und viele zufriedene Kunden.

8 Viel Erfolg für Ihre berufliche _____ in unserem Unternehmen!

9 Wir gratulieren dir ganz herzlich zu deiner neuen _____ und wünschen dir nur nette Kollegen.

10 Gratulation zum neuen _____ und lass dich nicht unterkriegen!

11 Viel _____ und Erfolg beim Einarbeiten in Ihren Aufgabenbereich!

12 Wir wünschen Ihnen einen guten ersten Arbeitstag mit vielen interessanten _____ .

13 Wir wünschen Ihnen einen guten _____ an Ihrem neuen Arbeitsplatz.

14 Wir wünschen Ihnen eine angenehme _____ in unserer Abteilung.

Kreuzen Sie nun an, welche Wünsche formell 🏭 sind.

★ treffen ★ schaffen ★ sehen ★ ankommen ★ anziehen ★
★ arbeiten ★ hören ★ kennenlernen ★ gewöhnen ★ vergessen ★

<u>Tagebucheintrag vom 5. Mai ...:</u> Heute ist mein erster Arbeitstag. Ich bin etwas angespannt, weil ich nicht weiß, was mich erwartet. Morgen um diese Zeit 1 _____ ich schon im Betrieb 1 _____ 1 _____. Ich 2 _____ die neuen Arbeitssachen 2 _____ und die Werkhalle betreten 2 _____. Bis zum Arbeitsbeginn 3 _____ ich wahrscheinlich auch meinen neuen Chef 3 _____ 3 _____, um noch ein paar Fragen zu klären. Organisatorische Dinge sind bestimmt schnell erledigt. Vielleicht machen wir dann auch zusammen einen Rundgang durch den Betrieb. Das würde mir gefallen, denn dann 4 _____ ich bis zur Mittagspause alle wichtigen Abteilungen des Betriebes 4 _____ 4 _____. Vielleicht muss ich aber auch als Erstes alle Arbeitsschutz-bestimmungen studieren, damit ich sofort meine eigentliche Arbeit an der Maschine beginnen kann. Naja, bis um 10 Uhr 5 _____ ich das sicherlich 5 _____ 5 _____. Dann könnte ich starten. Ich spüre schon jetzt meine Nervosität, denn ich 6 _____ bis 16 Uhr zum ersten Mal allein an einer CNC-Maschine 6 _____ 6 _____. Es wird schon alles fehlerfrei klappen. Während meines Praktikums hat es auch keine großen Probleme gegeben. Ich freue mich echt auf meine neuen Kollegen. Am Ende des Tages 7 _____ ich viele neue Namen 7 _____ und viele neue Gesichter 7 _____ 7 _____. Der erste Arbeitstag ist immer etwas Besonderes, aber nach einer Woche 8 _____ ich mich bestimmt an die neue Arbeit 8 _____ 8 _____. Und nach einem Jahr 9 _____ ich die Aufregungen der ersten Arbeitstage wahrscheinlich 9 _____ 9 _____ und mich kaum noch daran erinnern, was ich am ersten Tag in der neuen Firma gemacht habe.

AB 14: Mit wem haben Sie sich unterhalten? © FR

Füllen Sie jede Satzlücke mit dem passenden Nomen.

★ Geschäftsführer ★ Führungskraft ★ Abteilungsleiter ★ Ausbilderin ★
★ Geselle ★ Bereichsleiter ★ Meisterin ★ Auszubildender ★ Projektleiterin ★
★ Qualitätsbeauftragter ★ Facharbeiter ★ Arbeitsschutzbeauftragter ★
★ Betriebsratsvorsitzender ★ Ersthelfer ★

Heute hatte ich eine Unterhaltung mit ...

1 dem _____, der für alle Abläufe im gesamten Unternehmen verantwortlich ist.

2 dem _____, der für einen speziellen Bereich innerhalb eines Unternehmens zuständig ist.

3 dem _____, der für eine spezielle Abteilung innerhalb eines Unternehmens zuständig ist.

4 der _____, die für die Vermittlung der Ausbildungsinhalte in einer Ausbildungsstätte verantwortlich ist.

5 dem _____, der eine Berufsausbildung in unserem Betrieb absolviert.

6 dem _____, der nach der Handwerkerlehre erfolgreich eine Prüfung abgelegt hat.

7 der _____, die einen höheren Berufsabschluss im Handwerk vorweisen kann und Lehrlinge ausbilden darf.

8 dem _____, der eine technische oder gewerbliche Berufsausbildung erfolgreich absolvierte.

9 dem _____, der sich um das Qualitätsmanagement kümmert

10 der _____, die für die operative Planung und Steuerung eines Projektes zuständig ist.

11 dem _____, der die Interessenvertretung der Arbeitnehmer leitet und repräsentiert.

12 dem _____, der sich um die Vermeidung von Unfällen, Berufskrankheiten und gesundheitsgefahren kümmert.

13 einer Person, die als _____ mit der Personalführung betraut ist.

14 dem _____, der die Unfallstelle absichert, um weitere Verletzungen zu vermeiden.

AB15: Eine Anweisung verstehen © FR

Füllen Sie die Satzlücken mit Verben und verwenden Sie dabei jedes Wort nur einmal.

★ ermitteln ★ übernehmen ★ nachfragen ★ durchführen ★
★ wenden ★ koordinieren ★ schicken ★ kümmern ★
★ veranlassen ★ ausliefern ★ besprechen ★
★ erkundigen ★ legen ★ mitbringen ★

1	_____ Sie sich bitte an unsere IT-Abteilung, wenn weiterhin Störungen auftreten.
2	Bitte _____ Sie das unterschriebene Dokument in die Ablage.
3	_____ Sie bitte die Unterlagen zur Dienstbesprechung _____ .
4	_____ Sie den Befund bitte an den Hausarzt.
5	Es ist leider notwendig, dass Sie die Schicht von Herrn Fetahi _____ , da er krank ist.
6	Bitte _____ sie, dass die Blutprobe sofort ins Labor kommt.
7	_____ Sie sich bitte in der Verwaltung nach den fehlenden Unterlagen.
8	_____ Sie die Pakete bitte heute noch _____ .
9	_____ Sie bitte die Inventur in der Werkstatt _____ .
10	_____ Sie bitte bei der Firma _____ , warum es zu einer Lieferverzögerung kommt.
11	_____ Sie bitte die Arbeitsabläufe mit dem Abteilungsleiter.
12	_____ Sie bitte noch heute telefonisch das Problem mit dem Bereichsingenieur.
13	_____ Sie bitte den Materialbedarf für diesen Monat.
14	Bitte _____ Sie sich um die Stornierung des Auftrags.

AB 16: **Tätigkeiten** (Vorgangs- und Zustandspassiv) © FR

Ergänzen Sie Sätze im Vorgangs- und Zustandspassiv.

Beispiel: Der Lehrling installiert das Programm.
V: Das Programm wird (vom Lehrling) installiert.
Z: Das Programm ist installiert.

1 Frau Snavikow bespricht Arbeitsabläufe mit dem Chef.
V:
Z:

2 Frau Rieger storniert die Bestellung.
V:
Z:

3 Die Geschäftspartner treffen wichtige Vereinbarungen.
V:
Z:

4 Herr Schröder muss noch die Maschine reparieren.
V
Z

5 Der Geschäftsführer unterschreibt den Vertrag.
V:
Z:

6 Frau Izgedör muss die Zollpapiere prüfen.
V:
Z:

7 Herr Schmidt beendet die Besprechung um 10 Uhr.
V:
Z:

8 Der Hausarzt füllt die Überweisung aus.
V:
Z:

9 Die Buchhalterin bezahlt die Lieferanten.
V:
Z:

10 Der Lagerarbeiter muss noch Rohstoffe sortieren.
V:
Z:

11 Mein Team entwickelt neue Werbekampagnen.
V:
Z:

AB 17: Fragen zu Routinearbeiten im Verkauf © FR

Füllen Sie die Satzlücken mit Verben und verwenden Sie dabei jedes Wort nur einmal.

★ erstellen ★ kalkulieren ★ betreuen ★
★ reklamieren ★ pflegen ★ stornieren ★
★ erteilen ★ buchen ★ exportieren ★
★ auspreisen ★ sichten ★ akquirieren ★
★ auffüllen ★ prüfen ★

1	Wissen Sie schon, wann Sie die mangelhaften Produkte _____?
2	Ich würde gern wissen, wer diese Rechnung _____ hat.
3	Haben Sie verstanden, warum wir die neuen Produkte nicht ins Ausland _____ können?
4	Könnt ihr mir sagen, welche Software wir nutzen, um den Warenbestand zu _____?
5	Frau Holle, haben Sie die Gutschrift schon _____?
6	Wer muss die Statistik über die Verkaufsbilanz _____?
7	Könnten Sie nochmal erklären, wie man Preise _____?
8	Wurde die eingegangene Post heute Morgen schon _____?
9	Welcher Kollege ist heute im Außendienst, um Kunden zu _____?
10	Darf ich fragen, nach welchen Kriterien die Qualität der Ware _____ wurde?
11	Wann _____ wir die gelieferte Ware _____?
12	Haben Sie am Montag die Verkaufsregale _____?
13	Warum war der Kunde unzufrieden, als Sie ihm die Auskunft _____ hatten?
14	Haben Sie Vorschläge, wie wir unseren Kundenstamm besser _____ können?

AB 18: Tätigkeiten im Handwerk planen © FR

Füllen Sie die Satzlücken mit Verben und verwenden Sie dabei jedes Wort nur einmal.

★ anschließen ★ renovieren ★ verputzen ★ fliesen ★ decken ★
★ montieren ★ biegen ★ bohren ★ sanieren ★ lackieren ★
★ verlegen ★ bauen ★ messen ★ installieren ★

1	Wir haben mit dem Kunden vereinbart, die Wohnung innerhalb der nächsten Woche zu ⬛.
2	Es ist geplant, am Freitag das Bad und die Küche zu ⬛, aber der Kunde hat sich noch für kein Verlegemuster entschieden.
3	Zuletzt werden wir die Oberfläche des Holzes mit einem wetterbeständigen Lack ⬛.
4	Am Vormittag werden wir die Stromleitung ⬛ – 20 Zentimeter oberhalb des Fußbodens.
5	Sie können die Fenster und Türen am Ende der Woche ⬛, Herr Hussan.
6	Es ist geplant, dieses historische Dach mit Schieferplatten zu ⬛.
7	Die Kundin wünscht, dass ich ihren neuen Herd am Dienstagnachmittag ⬛.
8	Wir werden die gelieferten Zaunelemente auf jeden Fall rund ⬛.
9	Es ist mein Plan, dem Kunden ein Modell des Möbelstückes zu ⬛ und dann zu präsentieren.
10	Nach der Mittagspause werde ich noch zwei Löcher in die Fliese ⬛.
11	Mit der Wasserwaage werde ich sofort ⬛, ob das Fensterbrett wirklich gerade eingesetzt worden ist.
12	Laut Kundenwunsch sollen wir die Heizung nicht unter dem Fenster ⬛.
13	Es ist mit dem Kunden abgesprochen, die Fassade mit weichem Mörtel auf Kalkbasis zu ⬛.
14	Unsere Firma wird bis zum Ende des Jahres das Fachwerkhaus mit Lehm, Stroh und Holz ⬛ haben.

AB 19: Fragen in der Produktion

Füllen Sie die Satzlücken mit Verben und verwenden Sie dabei jedes Wort nur einmal.

★ bearbeiten ★ fräsen ★ verpacken ★ herstellen ★ umstellen ★
★ gießen ★ durchführen ★ schweißen ★ bestücken ★
★ umformen ★ belegen ★ montieren ★
★ arbeiten ★ schneiden ★

1 Welche Waren aus diesem Sortiment sind in unserem Unternehmen _____ worden?

2 Könnten Sie mir zeigen, wie Sie die CNC-Maschine _____ haben?

3 Haben Sie den Werkstoff kalt _____?

4 Haben Sie das Werkstück mit der richtigen Schnittgeschwindigkeit _____?

5 Wie viele Einzelteile haben Sie heute schon _____?

6 Wann haben Sie die Fehlerkontrolle _____?

7 Nach welchen Vorschriften haben Sie die Ware für den Versand _____?

8 An welcher Maschine haben Sie den Kunststoff _____?

9 Wie viele Jahre haben Sie schon am Fließband _____?

10 Wie war der Name der Großbäckerei, in der Sie Kuchen und Torten _____ haben?

11 Darf ich fragen, ob Sie das Gewinde per Hand _____ haben?

12 Ist Ihnen bekannt, warum wir die Produktion _____ haben?

13 Ich würde gern wissen, warum Sie ohne Schutzglas-Visier _____ haben?

14 Bei welcher Temperatur ist das flüssige Metall in eine Form _____ worden?

AB 20: Arbeiten im Baugewerbe planen   © FR
Füllen Sie die Satzlücken mit Verben und verwenden Sie dabei jedes Wort nur einmal.

★ durchführen ★ ausheben ★ einbauen ★ sieben ★ befestigen ★
★ erstellen ★ führen ★ verlegen ★ mauern ★ einschalen ★
★ verputzen ★ verarbeiten ★ montieren ★ lassen ★

1 Am Montag werde ich die Baugrube mit dem Bagger auf dem Bahnhofsgelände _____ .

2 Nach der Frühstückspause werde ich sofort den Kostenvoranschlag für das Bauprojekt in der Goethestraße _____ .

3 Wie mit dem Kunden vereinbart, werden wir am kommenden Dienstag die Seitenwände _____ .

4 Am Ende der Woche werden wir die Wege und Straßen auf dem neuen Krankenhausgelände _____ .

5 _____ Sie uns die notwendigen Erdarbeiten bis Ende März erledigen.

6 Es ist vorgesehen, den Estrich am Mittwoch zu _____ .

7 Bis zum Monatsende werden die Wärmedämmungen _____ sein.

8 Wir rechnen damit, dass das Gebäude in zwei Tagen von außen _____ werden kann.

9 Unsere Mitarbeiter beabsichtigen, die vorgefertigten Bauelemente bis zum Wochenende zu _____ .

10 Die gelieferten Betonmischungen werden bis spätestens Mittwoch _____ sein.

11 Den Sand werden wir bis zur Mittagspause _____ haben.

12 Es ist unser Plan, das Fundament am Wochenende _____ .

13 Voraussichtlich werden die Abbrucharbeiten montags _____ .

14 Welche Kollegen können am Montag die Baumaschinen _____ ?

AB 21: Nachfragen im Lager © FR

Füllen Sie die Satzlücken mit Verben und verwenden Sie dabei jedes Wort nur einmal.

★lagern★wiegen★erkennen★verpacken★erstellen★prüfen★
★beschaffen★zusammenstellen★bedienen★kennzeichnen★
★beladen★beachten★ermitteln★fahren★

1 Warum wurde das Gewicht der Ware nicht in das Dokument eingetragen, wenn sie doch schon nach ihrer Ankunft _____ worden ist?

2 Haben Sie eine Idee, wie wir diese Bauteile platzsparend _____ könnten?

3 Morgen muss die Lieferung raus. Haben Sie die Waren für den Transport schon _____ ?

4 Kann man denn äußerliche Schäden an der Ware _____ ?

5 Haben Sie auch die Hygiene- und Sicherheitsbestimmungen _____ ?

6 Ist die Lieferung für den Transport schon fachgerecht _____ , Herr Hussan?

7 Könnten Sie heute den Gabelstapler _____ , da Herr Schmidt krank ist?

8 Haben Sie schon den neuen Tourenplan bekommen, den Frau Hilbert _____ hat?

9 Haben Sie schon den aktuellen Warenbestand _____ , denn ich brauche die Daten bis zum Mittag?

10 Wann werden Sie den LKW mit den Gütern _____ ?

11 Können Sie die Hebebühne _____ ?

12 Sind denn die Verpackungen schon _____ worden?

13 Brauchen Sie viel Zeit, um die Ware aus den unterschiedlichen Lagerorten zu _____ ?

14 Hat die Kollegin die Qualität der Ware nicht _____ , weil die Anzahl der Reklamationen gestiegen ist?

AB 22: Anweisungen im Krankenhaus　© FR

Füllen Sie die Satzlücken mit Verben und verwenden Sie dabei jedes Wort nur einmal.

★ impfen ★ verabreichen ★ entnehmen ★ durchführen ★
★ ermitteln ★ aufnehmen ★ verständigen ★
★ messen ★ vorschlagen ★ verlegen ★
★ röntgen ★ ★ abwarten ★
★ fragen ★ entlassen ★

1	Wenn Sie den Patienten ＿＿＿＿＿＿＿ haben, schicken Sie ihn bitte gleich in die Radiologie.
2	Ich möchte Sie bitten, die Anamnese ＿＿＿＿＿, da Schwester Petra verhindert ist.
3	Bitte ＿＿＿＿＿ Sie das Knie, da der Patient dort über Schmerzen klagt.
4	Ich beauftrage Sie damit, dem Patienten eine geeignete Behandlung ＿＿＿＿＿.
5	Sie ＿＿＿＿＿ bitte die Patienten mit dem neuen Impfstoff, der letzte Woche geliefert wurde.
6	Bitte ＿＿＿＿＿ Sie dem Patient das Medikament am Abend.
7	Bitte ＿＿＿＿＿ Sie, ob der Patient unter Vorerkrankungen leidet.
8	Es ist ihre Aufgabe, die Angehörigen des verstorbenen Patienten zu ＿＿＿＿＿.
9	Wenn Sie mit diesem Patienten fertig sind, ＿＿＿＿＿ Sie bitte den Puls des Patienten.
10	Bitte ＿＿＿＿＿ Sie noch die Blutwerte des kranken Kindes, damit wir mit der Behandlung beginnen können.
11	Wir müssen zwar noch die Laborwerte ＿＿＿＿＿, aber Sie können trotzdem schon einen OP-Termin planen.
12	Bitte ＿＿＿＿＿ Sie der Patientin, die über Schmerzen in der Brust klagt, eine Gewebeprobe.
13	Morgen können Sie den Patienten, der im Zimmer 3 liegt, ＿＿＿＿＿.
14	Bitte kümmern Sie sich um den Patienten, der auf Wunsch ＿＿＿＿＿ werden möchte.

Füllen Sie die Satzlücken mit Verben und verwenden Sie dabei jedes Wort nur einmal.

★ respektieren ★ orientieren ★ konzentrieren ★ analysieren ★
★ reagieren ★ akzeptieren ★ unterbreiten ★ intervenieren ★
★ kommunizieren ★ investieren ★ benachrichtigen ★
★ aktivieren ★ besprechen ★ erarbeiten ★

1 Ihr solltet auf das gute Angebot _____.

2 Es wäre gut, wenn du als Chef öfter mit den Kollegen _____ würdest.

3 Du solltest mehr Zeit in die Planung des Projektes _____, damit es ein Erfolg wird.

4 Sie sollten die Firma sofort über die Lieferverzögerung telefonisch _____.

5 Sie sollten die neuen Arbeitsbedingungen _____, denn sie haben sich auf keinen Fall verschlechtert.

6 Du solltest die Entscheidung deines Vorgesetzten _____, denn er hatte gute Gründe dafür.

7 Sie könnten die Lage mit den Kollegen _____, wenn Sie jetzt Zeit haben.

8 Es wäre gut, einen Vorschlag zu _____, der kostengünstig ist.

9 Sie sollten sich bezüglich des Produktverkaufs auf dem internationalen Markt _____.

10 Ich rate dir dazu, den Lösungsvorschlag nicht allein, sondern gemeinsam mit deinen Mitarbeitern zu _____.

11 Ich empfehle Ihnen, sich nur auf eine Sache zu _____, Herr Hussan.

12 Bleiben Sie bitte ruhig, wenn Sie gegen die Entscheidung des Chefs _____.

13 Mein Ratschlag wäre, dass wir alle Kräfte _____, um alle Aufträge abzuarbeiten.

14 Sie sollten die Fehlerquellen _____ und mit den Mitarbeitern darüber sprechen.

AB 24: **Bitten am Arbeitsplatz** © FR

Füllen Sie die Satzlücken mit Verben und verwenden Sie dabei jedes Wort nur einmal.

★ präsentieren ★ hinterfragen ★ einbringen ★ kontaktieren ★
★ vorschlagen ★ anbieten ★ übernehmen ★ erteilen ★ üben ★
★ signalisieren ★ erledigen ★ erfragen ★ einreichen ★ führen ★

1	Bitte informieren Sie mich, wie viele Mitarbeiter ihre Bereitschaft zur Mitarbeit am Projekt _____ haben.
2	_____ Sie bitte diesen Arbeitsauftrag bis zur Mittagspause.
3	_____ Sie bitte die Funktionsweise der Maschine, damit wir Zeit sparen.
4	Bitte _____ Sie die Ergebnisse der Arbeitswoche am Freitagnachmittag im Meeting.
5	_____ Sie bitte den Kunden, der den Kauf storniert hat und fragen Sie ihn nach dem Grund.
6	Ich möchte Sie bitten, ihre Erfahrungen bei der Projektentwicklung _____.
7	Bitte _____ Sie ihre Verbesserungsvorschläge bis Ende des Monats _____.
8	Ich bitte Sie, mir einen Termin für die Besprechung im Arbeitsteam _____.
9	Bitte _____ Sie dem Lieferanten eine Lösung des Problems _____, die beide Seiten zufriedenstellt.
10	Ich bitte darum, das Gespräch mit dem Praktikanten im Beisein des Meisters zu _____.
11	Ich bitte Sie, ihre Entscheidung nochmals zu _____.
12	Der Kollege Hussan bittet darum, ihm die Befugnis zu _____, den Vertrag mit den ausländischen Geschäftspartnern abzuschließen.
13	Herr Hussan bittet Sie, die Arbeitsschutzbelehrung zu _____, da Frau Klinke krank ist.
14	Bitte _____ Sie konstruktive Kritik an den innerbetrieblichen Abläufen, denn nur so können wir sie verbessern.

AB 25: Versäumnisse bei der Postzustellung © FR

Füllen Sie die Satzlücken mit Verben und verwenden Sie dabei jedes Wort nur einmal.

★werfen ★ annehmen ★ vorbereiten ★
★ erfassen ★ orientieren ★ anbieten ★ beachten ★
★ ausdrucken ★ sortieren ★ planen ★ zustellen ★
★ frankieren ★ vermeiden ★ aussortieren

1	Warum hast du dich nicht auf dem Postmarkt _____, bevor du dich beworben hast?
2	Warum hast du der Firma unseren Kurierdienst nicht _____?
3	Warum hast du noch nicht die Zustellfolge für den morgigen Tag _____?
4	Warum wurde der Großbrief bei Familie Hussan nicht in den Briefkasten _____?
5	Warum wurden die Postsendungen in der Schillerstraße nicht _____?
6	Warum mussten frankierte Pakete _____ werden?
7	Warum haben Sie vergessen, diesen Brief zu wiegen und zu _____?
8	Warum sind die Pakete noch nicht für den Versand _____?
9	Weshalb wurden die aktuellen Zoll- und Sicherheitsbestimmungen nicht _____?
10	Warum konnten Sie das Paket der Kundin nicht _____?
11	Warum wurden diese sperrigen und schweren Sendungen per Hand _____?
12	Warum konnten diese Transportschäden nicht _____ werden?
13	Weswegen haben Sie keinen Einlieferungsbeleg _____?
14	Warum hat die Zustellerin die Pakete nicht mit ihrem Handscanner _____?

AB 26: Gartenbauarbeiten reflektieren © FR

Füllen Sie die Satzlücken mit Verben und verwenden Sie dabei jedes Wort nur einmal.

★ bearbeiten ★ jäten ★ beschneiden ★ kultivieren ★ warten ★
★ fegen ★ lagern ★ beliefern ★ versorgen ★ gestalten ★
★ mähen ★ düngen ★ ausbringen ★ bestellen ★

1 Es war nicht möglich, den trockenen Boden manuell mit Gartenwerkzeugen zu _____.

2 Die Stadtverwaltung hätte uns freie Hand lassen sollen, um Grünflächen und Beete im Park neu zu _____.

3 Es war unmöglich, das Unkraut innerhalb des gesamten Schulgeländes in der kurzen Zeit zu _____.

4 Es war wirklich nicht zu schaffen, das Laub vor und hinter dem Gebäude zu _____.

5 Es war nicht ratsam, die Bäume, Gehölze und Hecken in dieser Anlage jetzt zu _____.

6 Leider sind wir bei dem Versuch gescheitert, diese Pflanzen zu _____.

7 Wir haben es leider nicht geschafft, die Erde und die Substrate platzsparend zu _____.

8 Sie konnten leider den Rasen nicht maschinell _____, da die Maschine defekt war.

9 Es war nicht möglich, diesen Blumensamen im europäischen Ausland zu _____.

10 Wir konnten den Kompost heute nicht _____, weil dessen Anlieferung erst am späten Nachmittag erfolgte.

11 Wir haben noch keine brauchbare Lösung gefunden, wie wir das neue Gewächshaus kostengünstig mit ausreichend Wasser _____.

12 Wir hätten den Boden schon im letzten Jahr organisch oder mineralisch _____ sollen.

13 Leider haben wir versäumt, das Gerät zu _____ und jetzt fehlt ein Ersatzteil, das wir dringend brauchen.

14 Aus meiner Sicht war es ein Fehler, den Kunden sofort zu _____, ohne seine Bonität zu prüfen.

AB 27: Minidialoge in der Kita © FR

Füllen Sie die Satzlücken mit Verben und verwenden Sie dabei jedes Wort nur einmal.

★ betreuen ★ beobachten ★ dokumentieren ★ vermitteln ★
★ organisieren ★ beaufsichtigen ★ vorbereiten ★ fördern ★
★ pflegen ★ beurteilen ★ ausarbeiten ★
★ reflektieren ★ führen ★ beraten ★

1 Kannst du heute die Kinder ganztags _____ ?
Ja, denn heute habe ich keinen Arzttermin.

2 Durch welche kreativen Beschäftigungsangebote _____ Sie den Entwicklungsprozess der Kinder? *Werfen Sie bitte einen Blick in meinen Arbeitsplan.*

3 Könnten Sie bitte das Essverhalten dieses Kindes _____ ? *Ja, das mache ich.*

4 _____ Sie nicht regelmäßig den Entwicklungsstand der Kleinkinder? *Doch, mit dem MONDEY-Programm.*

5 Können Sie bitte die Kinder auf dem Spielplatz _____ ? *Das übernehme ich doch gern.*

6 Wann _____ Sie die Gespräche mit den Erziehungsberechtigten? *Am Montag beim Elterntreffen.*

7 Wo sind die Ergebnisse Ihrer Beobachtungen _____ ? *Im Ordner „Bildungsbericht".*

8 Warum _____ Sie Ihre erzieherische Arbeit? *Ich möchte mich weiterentwickeln.*

9 Wann _____ Sie die Eltern zu Problemen der Kinderziehung? *Während des Kinderfestes.*

10 Warum _____ du keinen engen Kontakt zu den Eltern dieses Kindes? *Weil sie total uneinsichtig sind.*

11 Mit wem _____ du das Fest in der Kita? *Eigentlich wollte mich dabei die Praktikantin unterstützen.*

12 Macht es dir Spaß, kleine Mahlzeiten für die Kinder _____ ? *Nein, aber ich mache es trotzdem.*

13 Wie ist es Ihnen gelungen, den Kindern die Regeln des Zusammenlebens zu _____ ? *Mit viel Geduld und Konsequenz im Umgang mit den Kleinen.*

14 Schaffen Sie es, das neue pädagogische Konzept bis zum Montag _____ ? *Auf jeden Fall, Frau Hinz.*

Füllen Sie die Satzlücken und benutzen Sie dabei jedes Wort nur einmal.

<u>Sie</u> sind sich nicht sicher, ob Frau Stiller die Werbeartikel für den Messeauftritt Ihrer Firma bestellt hat.

★sollen★möglicherweise★können★vermuten★
★haben★bestellen★Vermutung★
★dürfen★vermutlich★glauben★erfolgen★
★sein★annehmen★werden★

1	Ich _____, dass Frau Stiller die Werbeartikel für den Messeauftritt unserer Firma schon bestellt hat.
2	Es kann _____, dass Frau Stiller die Werbeartikel für den Messeauftritt unserer Firma schon bestellt hat.
3	_____ hat Frau Stiller die Werbeartikel für den Messeauftritt unserer Firma schon bestellt.
4	Frau Stiller müsste die Werbeartikel für den Messeauftritt unserer Firma schon _____ haben.
5	Frau Stiller _____ die Werbeartikel für den Messeauftritt unserer Firma schon bestellt haben.
6	Ich _____, dass Frau Stiller die Werbeartikel für den Messeauftritt unserer Firma schon bestellt hat.
7	Meiner Meinung nach _____ sie die Werbeartikel für den Messeauftritt unserer Firma schon bestellt haben.
8	Es _____ sein, dass Frau Stiller die Werbeartikel für den Messeauftritt unserer Firma bestellt hat.
9	Ich _____, dass Frau Stiller die Werbeartikel für den Messeauftritt unserer Firma bestellt hat.
10	Nach Aussage des Chefs soll sie für den Messeauftritt unserer Firma die Werbeartikel bestellt _____.
11	Die Bestellung der Werbeartikel für den Messeauftritt _____ vielleicht schon durch Frau Müller.
12	Frau Stiller _____ die Werbeartikel für den Messeauftritt unserer Firma bestellt haben.
13	Ich habe die _____, dass sie die Werbeartikel für den Messeauftritt unserer Firma schon bestellt hat.
14	_____ hat Frau Stiller schon die Werbeartikel für den Messeauftritt unserer Firma bestellt.

AB 29: Sie machen einen Vorschlag © FR

**Füllen Sie die Satzlücken und
benutzen Sie dabei jedes Wort nur einmal.**

<u>Sie</u> schlagen vor,
dass Herr Hussan die Projektleitung übernimmt.

★werden★übertragen★vorschlagen★Projektleitung★
★sollen★Übernahme★übernehmen★Augen★vorstellen★
★können★Projektleiter★sein★begrüßen★unterbreiten★

1	Ich möchte _____, dass Herr Hussan die Projektleitung übernimmt.
2	Meiner Meinung nach _____ Herr Hussan die Projektleitung übernehmen.
3	In meinen _____ ist Herr Hussan eine gute Wahl für die Projektleitung.
4	Wir _____ doch Herrn Hussan zum Projektleiter wählen.
5	Ich bin der Ansicht, dass Herr Hussan _____ werden sollte.
6	Es wäre schön, wenn Herr Hussan die Projektleitung übernehmen _____.
7	Mein Vorschlag für die Projektleitung _____ Herr Hussan.
8	Ich meine, dass man Herrn Hussan die Projektleitung _____ sollte.
9	Könnten Sie sich _____, dass Herr Hussan die Projektleitung übernimmt?
10	Ich würde es _____, wenn Herr Hussan die Projektleitung übernimmt.
11	Ich bin heute hier, um den Vorschlag zu _____, Herrn Hussan die Projektleitung zu übertragen.
12	Was halten Sie davon, dass Herr Hussan die Projektleitung _____.
13	Ich stimme der _____ der Projektleitung durch Herrn Hussan zu.
14	Ich möchte gern Herr Hussan für die _____ vorschlagen.

Füllen Sie die Satzlücken.
Nominalisieren Sie dafür jeweils ein passendes Verb.

★ kämpfen ★ bestellen ★ erhalten ★ lagern ★ erwerben ★
★ erarbeiten ★ senken ★ bilden ★ umstellen ★ behaupten ★
★ entwickeln ★ leiten ★ bearbeiten ★ beschließen ★

1 Die _____ der Ware erfolgte in der letzten Woche.

2 In der Vorstandssitzung ging es um den _____ der Arbeitsplätze.

3 Ohne die _____ neuer Produkte, die innovativ und nachhaltig sind, können die Umsätze nicht gesteigert werden.

4 Ich habe kein Verständnis für die _____ des Kollegen, der Chef schätze die Lage falsch ein.

5 Es ist unser Ziel, den _____ um die beste Marktposition nicht zu verlieren.

6 Die _____ unserer Produktion auf Bioprodukte war am Anfang nicht leicht, aber die Anstrengungen haben sich gelohnt.

7 Die Einführung flexibler Arbeitszeiten hat sich positiv auf die _____ des Krankenstandes ausgewirkt.

8 Herr Hussan hat dem Geschäftsführer mitgeteilt, dass er die _____ des Projektes übernehmen möchte.

9 Bitte beachten Sie, dass die _____ der Ware immer trocken, platzsparend und stets kostengünstig zu erfolgen hat.

10 Kühlen Sie den Werkstoff, damit die _____ von Blasen auf der Oberfläche verhindert wird.

11 Die maschinelle _____ des Holzes bietet viele Vorteile.

12 Heute kann ich Ihnen den _____ der Geschäftsleitung mitteilen.

13 Nutzen Sie berufliche Weiterbildungen zum _____ von aktuellem Fachwissen.

14 Für die _____ des Programms stehen mir ausreichend Mittel zur Verfügung.

AB31: **Innerbetriebliche Pläne** (n-Deklination) © FR

Füllen Sie die Satzlücken und
benutzen Sie dabei jedes Wort nur einmal.
Beachten Sie bitte die n-Deklination!

★Student★Praktikant★Rezeptionist★IT-Experte★Kunde★
★Patient★Architekt★Pädagoge★Pianist★Produktfotograf★
★Migrant★Kollege★Vorsitzende★Vorgesetzte★

1	Wir planen während der Hochsaison in unserem Ferienhotel, einen weiteren _____ einzustellen.
2	Unser Betrieb wird einem _____ ermöglichen, an dem neuen Projekt mitzuarbeiten.
3	Der Geschäftsführer wird mit einem _____ die Werkshalle planen.
4	Es ist unser Wunsch, einen _____ während der Betriebsfeier auftreten zu lassen.
5	Wie wollen unseren 100. _____ mit einem Kaufgutschein im Wert von 500 Euro überraschen.
6	Wir werden einen _____ einladen, der uns eine passende Software für die Bestandspflege vorstellt.
7	Unser Betrieb hat sich vorgenommen, nicht nur einen _____ einzustellen, sondern zehn.
8	Unsere Jugendamt möchte einem _____ die Möglichkeit geben, Sozialarbeit kennenzulernen.
9	Am Anfang des Jahres werden wir einen _____ suchen, der zum Lehrerteam passt.
10	Wie planen, den Abschied des _____ Hussan nach 45 Dienstjahren sehr emotional zu gestalten.
11	Wir planen den Verkauf unserer Produkte in einem Online-Shop und brauchen deshalb einen guten _____ .
12	Wir planen, mit dem _____ des Betriebsrates ein vertrauliches Gespräch zu führen.
13	Die Kollegen wollen ihren _____ bitten, die Arbeitszeiten flexibler zu gestalten.
14	Das Personal des Krankenhauses will eine Spendenaktion zur Rettung des kleinen _____ ins Leben rufen.

AB 32: **Wünsche im Arbeitsalltag** ©FR

Füllen Sie die Satzlücken und benutzen Sie dabei jedes Wort nur einmal.

★Außendienst★flexibel★Studium★Anerkennung★monoton★
★Sozialleistung★gut★Arbeitsmodell★Stress★Gehalt★
★Vorgesetzter★Betriebsklima★Arbeit★anspruchsvoll★

1	Ich wünsche mir, dass meine gute Arbeit in der Firma mehr ▉▉▉▉▉▉▉▉ findet.
2	Ich würde auch gern im ▉▉▉▉▉▉▉▉ arbeiten, da hätte ich mehr Abwechslung und auch Kundenkontakte, die ich sehr mag.
3	Nach meiner Probezeit möchte ich gern ein höheres ▉▉▉▉▉▉▉▉, weil ich das für angemessen halte.
4	Ich würde mir wünschen, weniger ▉▉▉▉▉▉▉▉ an der Arbeit zu haben.
5	Ich wäre über eine abwechslungsreichere ▉▉▉▉▉▉▉▉ glücklich, denn bei der Arbeit am Fließband fühle ich mich wie ein Roboter.
6	Ich hätte gern ▉▉▉▉▉▉▉▉ Aufstiegschancen in unserem Unternehmen.
7	Ich wünsche mir ▉▉▉▉▉▉▉▉ Arbeitsaufgaben und nicht Aufgaben, die mich unterfordern, denn das macht mich unzufrieden.
8	Ich wünschte, wir hätten ein besseres ▉▉▉▉▉▉▉▉.
9	Mein Wunsch ist es, in eine Firma zu wechseln, die viele ▉▉▉▉▉▉▉▉ anbietet.
10	Es wäre toll, wenn ich eine Arbeit fände, bei der ich keine ▉▉▉▉▉▉▉▉ Tätigkeiten verrichten muss.
11	Mein Wunsch ist es, nach der Ausbildung ein duales ▉▉▉▉▉▉▉▉ in meiner Firma zu beginnen.
12	Ich wünsche mir einen ▉▉▉▉▉▉▉▉, der die Meinungen der Kollegen schätzt und nicht alles im Alleingang macht.
13	Ich würde gern verschiedene ▉▉▉▉▉▉▉▉ in meinem Leben kennenlernen.
14	Ich möchte gern ▉▉▉▉▉▉▉▉ Arbeitszeiten haben, damit ich meine Kinder besser betreuen kann.

Füllen Sie die Satzlücken und benutzen Sie dabei jedes Wort nur einmal.

★ verkaufen ★ zustellen ★ schreiben ★ erstellen ★ impfen ★
★ vereinbaren ★ schneiden ★ fertigen ★ übernehmen ★
★ beraten ★ putzen ★ einarbeiten ★ warten ★ einladen ★

1	Ich habe unsere Stammkunden zu einer Produktpräsentation ▢ .
2	Ich habe gestern die Aufgaben von Herrn Hussan ▢ , da er bis Dienstag auf Geschäftsreise ist.
3	Ich habe die CNC-Maschine bedient und eine kleine Stückzahl Zahnriemen ▢ .
4	Bevor ich das neue Personal ▢ habe, führte ich eine Arbeitsschutzbelehrung durch.
5	Ich habe Informationen zur Kundenzufriedenheit gesammelt und dazu eine Statistik ▢ .
6	Gestern habe ich viele Termine mit Neukunden ▢ und meine Dokumentationen aktualisiert.
7	Ich habe sehr viele Waren ▢ , sodass ich das Sortiment heute auffüllen muss.
8	Ich habe drei Großkunden mit Sand beliefert und danach Baumaschinen ▢ .
9	Ich habe fünf Kundinnen die Haare gewaschen, ▢ und gefärbt.
10	Für das Hochzeitsessen habe ich Unmengen an Gemüse ▢ und geschnitten.
11	Am Vormittag habe den Besuch der Geschäftspartner vorbereitet und am Nachmittag habe ich die Anträge für die Baugenehmigungen ▢ .
12	Am Morgen habe ich Postsendungen sortiert und danach habe ich sie ▢ .
13	Gestern habe ich nicht im Krankenhaus gearbeitet, sondern viele Menschen im Impfzentrum gegen COVID-19 ▢ .
14	Ich habe einen Bauherrn über alle Aspekte einer Heizungs- und Lüftungsanlage ▢ .

AB 34: **Praktikum im Malerbetrieb** (Verben mit Präfixen) © FR

Füllen Sie die Wortlücken mit Präfixen und verwenden Sie die vorgegebenen Präfixe dabei auch mehrmals.

★aus-★be-★durch-★er-★auf-★zer-★ver-★
★ein-★ab-★vor-★ ★über-★weg-★

Ich bin seit einer Woche Praktikantin im Büro einer Malerfirma. Inzwischen habe ich schon einen kleinen Überblick in die Arbeit dieses Malerbetriebes 1⬚kommen. Jeden Morgen helfe ich dem Meister, seinen Kleinbus mit Werkzeug und Farbe zu 2⬚laden. Dann gehe ich ins Büro und 3⬚frage meine aktuellen Aufgaben für den Tag. Ich möchte nach meinem Schulabschluss eine Ausbildung zur Kauffrau für Büromanagement machen und nutze deshalb das Praktikum, um viele Kenntnisse im Bereich Bürokommunikation zu 4⬚werben. Gestern musste ich Tapeten 5⬚stellen, die mir der Meister vorher 6⬚geschrieben hatte. Beinahe hätte ich den Notizzettel mit den Bestellnummern 7⬚rissen, den der Meister mir gegeben hat. Ich sollte wirklich darauf achten, wo ich wichtige Notizen 8⬚lege. Den Bestellvorgang am Computer 9⬚zunehmen, war nicht schwer. Zuerst habe ich die Internetseite unseres Zulieferers 10⬚gerufen und die Bestellliste geöffnet. Nun konnte ich Bestellnummer, Stückzahl und Preis 11⬚tragen. Da die Bestellliste eine Excel-Tabelle war, brauchte ich den Gesamtpreis der Tapeten nicht 12⬚rechnen, denn das machte das Excel-Programm automatisch. Nachdem ich das Bestellformular 13⬚gefüllt hatte, ging ich zur Kasse. Dann habe ich noch fehlende Versand- und Lieferdaten 14⬚gegeben und alles nochmal 15⬚prüft. Die Lieferung sollte innerhalb der nächsten Woche 16⬚folgen. Um den Bestellvorgang 17⬚zuschließen, musste ich die AGBs akzeptieren. Obwohl ich mir die AGBs gründlich 18⬚gelesen hatte, konnte ich nicht alles verstehen. Trotzdem habe ich die Bestellung 19⬚geschickt, denn die Firma bestellt ja immer bei diesem Großhandel und bisher hat es da nie Probleme gegeben.
Mir gefällt die Arbeit im Büro so gut, dass ich am liebsten mein Praktikum 20⬚längern würde.

Markieren Sie nun alle trennbaren Verben im Text.

AB 35: **Wo, wohin, woher?** (Präpositionen) © FR

Ergänzen Sie die fehlenden Präpositionen **in** und **auf** und den nachfolgenden Artikel des Nomens.

Beispiel: Wohin haben Sie die Silikontube gelegt?
Sie müsste **auf dem** Waschbecken in der Gästetoilette liegen.

1 *Wo ist der Ordner mit den Fahrkosten, Frau Hussan?*
Er liegt doch   Schreibtisch der Praktikantin.

2 *Wohin haben Sie den Fön gelegt?*
         Frisiertisch Ihrer Kundin, Frau Weiß.

3 *Wohin haben Sie die Kabeltrommel gestellt?*
Ich habe die Kabeltrommel   Keller gestellt.

4 *Wohin haben Sie die Zange gelegt?*
Sie liegt doch   Werkzeugkasten.

5 *Wohin haben Sie den Patienten gebracht?*
Ich habe ihn   Warteraum gesetzt.

6 *Woher kommen diese Sachen?*
Die Wasserhähne kommen   Lager und die
Schrauben waren   Kiste.

7 *Wohin haben Sie die Ware gebracht?*
Ich habe Sie schon   LKW geladen.

8 *Wo steht die Leiter?*
Die Leiter hat Mustafa mitgenommen. Aber er wollte sie
dann unten   Hausflur stellen.

9 *Wo haben Sie den Tortenheber abgelegt?*
Den habe ich schon   Geschirrspüler gelegt.

10 *Wo findet denn Ihre Weiterbildung statt?*
Sie wird   Räumen der VHS durchgeführt.

11 *Wohin hast du die Säcke mit dem gelieferten Samen
gestellt?*
Ich habe sie schon   Gewächshaus gebracht.

12 *Wo legst du dieses Dokument ab?*
Dieses Dokument kommt   Hefter für
Reklamationen.

13 *Wohin kommen diese Sachen, Chef?*
Die Baumaterialien müssen wir   Baustelle im
Stadtzentrum bringen.

14 *Woher hast du diese Ersatzteile besorgt?*
Ich habe sie   alten Lager gefunden.

AB 36: Was ist passiert? (Genitivpräpositionen) ©FR

Ergänzen Sie die fehlenden GENITIV-Präpositionen und benutzen Sie dabei jedes Wort nur einmal.

★ zwecks ★ dank ★ während ★ anlässlich ★ trotz ★ jenseits ★
★ anhand ★ innerhalb ★ angesichts ★ bezüglich ★ inmitten ★
★ oberhalb ★ aufgrund ★ laut ★

1	_____ der Mittagspause gab es einen Unfall in der Werkstatt.
2	_____ der vielen Aufträge, die gestern eingegangen sind, mache ich heute Überstunden.
3	Wie können _____ einer Störung im Betriebssystem den Liefertermin nicht einhalten.
4	Mein Chef wollte die Abrechnungen _____ einer Überprüfung der gewährten Rabatte sehen.
5	_____ des Wasserschadens konnten wir unser Lager weiterhin nutzen.
6	_____ Aussage des Abteilungsleiters dürfen wir nicht mehr in der Pause privat im Internet surfen.
7	Wir haben ein Problem, denn die Messwerte lagen gestern _____ des Grenzwertes.
8	_____ des Geschäftes mussten wir eine Mund-Nase-Maske tragen, um unsere Kunden zu schützen.
9	_____ der Unterstützung unserer ausländischen Geschäftspartner sind wir jetzt Marktführer in der Region.
10	Vormitttags besuchte der Großkunde unser Büro, da er noch einige wichtige Fragen _____ des Vertragsabschlusses hatte.
11	Unser Chef hat uns _____ einer Grafik gezeigt, wie sich die Umsätze entwickelt haben.
12	Die Kollegen haben _____ des 20. Firmenjubiläums am Mittwoch eine große Party organisiert.
13	Stell dir vor, die Kollegin hatte ihr privates Auto _____ der Baustelle geparkt.
14	Der Vertragsabschluss kam nicht zustande, weil die Preisvorstellungen des Kunden _____ unserer Vorstellungen lagen.

AB 37: **Anlieferung der Ware** ©FR

Füllen Sie die Satzlücken und
benutzen Sie dabei jedes Wort nur einmal.

★unbeschädigt★Lieferdatum★frei★Anlieferung★beschädigt★
★mangelhaft★quittieren★Lieferschein★Abholung★
Tür★Preisnachlass★beanstandet★
★Quittung★Empfänger★

1	Vor zwei Wochen haben wir die Ware bestellt und eine _____ innerhalb zwei Wochen vereinbart.
2	Jeder Ware liegt ein _____ bei, der meistens die gleichen Angaben wie auf der Bestellung enthält.
3	Auf dem Lieferschein stehen sowohl der Name, die Adresse des Lieferanten und des _____ als auch die Bezeichnung der Ware.
4	Dem Lieferschein kann man auch die Artikelnummer, die Warenmenge und das _____ entnehmen.
5	Als die Lieferung eintraf, mussten wir ihren Empfang _____.
6	Der Lieferant erhielt als Bestätigung für den Erhalt der Ware eine _____.
7	Natürlich wurde die Ware nur angenommen, weil sie _____ war.
8	Wäre die Ware _____ gewesen, hätten wir die Annahme der Ware verweigert.
9	Die Anlieferung erfolgte _____ Lager, das heißt, die Ware wurde bis ins Lager geliefert.
10	Auf dem Lieferschein kann auch stehen, dass eine Lieferung frei _____ oder frei Keller erfolgt.
11	Wenn man erst später feststellt, dass die Lieferung _____ war, muss man sie reklamieren.
12	Das Paket mit der reklamierten Ware steht dann im Lager zur _____ bereit.
13	Dass eine Ware _____ wird, gehört zum Arbeitsalltag.
14	Manchmal behält die Firma auch die mangelhafte oder leicht beschädigte Ware und akzeptiert einen _____ auf die Lieferung.

AB 38: **Einen Kollegen informieren** (Partizipien)

Füllen Sie die Satzlücken mit Partizipien und benutzen Sie dabei jedes Wort nur einmal.

★lächelnd★vereinbart★korrigiert★vorliegend★geplant★
★unterschrieben★zögernd★gestiegen★
★interessiert★berechtigt★ beantragt★
★beschädigt★schimpfend★geliefert★

1	Ich möchte Ihnen mitteilen, dass die am Vormittag __________ Besprechung verschoben werden muss.
2	Der __________ Katalog enthält die aktuellen Preislisten für dieses Jahr.
3	Nach dem Gespräch verließen die Kunden __________ das Geschäft.
4	Bezugnehmend auf das Telefonat habe ich dem Kunden eine __________ Rechnung geschickt.
5	Ich habe das __________ Protokoll auf Ihren Schreibtisch gelegt.
6	Den Zahlungsbedingungen hat der Kunde leider nur __________ zugestimmt.
7	Ich möchte Ihnen nur sagen, dass ich die __________ Tür ins Lager gebracht habe.
8	Nach der Besprechung hat unser Chef das Büro __________ verlassen.
9	Ich möchte Ihnen nur sagen, dass ich auf die __________ Ergebnisse Ihres Teams stolz bin.
10	Aufgrund der __________ Insassenzahlen brauchen wir mehr Pflegepersonal.
11	Der Kunde hat eine __________ Beschwerde, um die Sie sich kümmern sollten.
12	Herr Hussan, Sie werden heute vor einem __________ Publikum sprechen. Das sind unsere Praktikanten.
13	Der Chef hat meinen __________ Sonderurlaub noch nicht genehmigt.
14	Ich möchte Ihnen mitteilen, dass die __________ Arbeitszeiten auch weiterhin gelten.

AB 39: **Rückfragen am Arbeitsplatz** (Partizipien) ©FR

Markieren Sie das richtige Partizip im Satz.

Beispiel: Wie läuft es denn mit dem neu *eingestellten/ einstellenden* Kollegen?

1 War der Kunde mit seinen *färbenden/ gefärbten* Haaren zufrieden?

2 Ich wollte mich nur kurz melden, um zu fragen, ob die *bestellte/ bestellende* Ware schon eingetroffen ist.

3 Sind Sie schon mit der zu *reparierten/ reparierenden* Maschine fertig?

4 Haben Sie es geschafft, den *schimpfenden/ geschimpften* Kunden zu beruhigen?

5 Ist es eigentlich gelungen, das zu *reparierende/ reparierte* Teil in die Maschine einzubauen?

6 War es schwierig, den fest *schlafenden/ geschlafenen* Patienten zu wecken?

7 Haben Sie alle für Freitag *einladenden/ eingeladenen* Kunden erreicht?

8 Konnten Sie meinen *eingereichten/ einreichenden* Verbesserungsvorschlag berücksichtigen?

9 Hat es geklappt, den *beschmutzten/ beschmutzenden* Mantel zu verkaufen?

10 Konnten Sie die *arbeitenden/ gearbeiteten* Kollegen davon überzeugen, jetzt eine Pause zu machen?

11 Haben Sie es geschafft, die *fordernde/ geforderte* Menge Impfstoff zu bestellen?

12 Werden Sie es schaffen, die *gebackenen/ backenden* Torten rechtzeitig auszuliefern?

13 Ist es ein Problem, die *verputzenden/ verputzten* Wände bis zum Freitag zu tapezieren?

14 Haben Sie die vor fünf Minuten *eingegangene/ eingehende* E-Mail schon bearbeitet?

15 Ich möchte nur schnell wissen, ob Sie den *erteilten/ erteilenden* Auftrag schon erledigt haben.

16 Darf ich fragen, warum Sie laut *geschimpft/ schimpfend* das Büro des Chefs verlassen haben?

17 Und wer war eigentlich für die zu *gelieferten/ liefernden* Ersatzteile zuständig?

AB 40: **Arbeitsübergabe** (Partizipien) © FR

Füllen Sie die Satzlücken mit einem passenden Partizip.

Beispiel: Könnten Sie dem Paket den **beiliegenden** *(beiliegen)* Lieferschein entnehmen?

1	Darf ich Sie bitten, die _____ *(reparieren)* Geräte ins Regal zu legen?
2	Ich bitte Sie, die _____ *(anhängen)* Datei zu öffnen.
3	Ich möchte Sie darum bitten, mir das _____ *(übersetzen)* Dokument im Original zu schicken.
4	Sind Sie so freundlich, der _____ *(warten)* Kundin die Schuhe in der Größe 38 zu holen?
5	Es wäre super, wenn Sie die Kontrolle der _____ *(liefern)* Ware übernehmen würden, denn ich habe noch eine Besprechung im Betriebsrat.
6	Dürfte ich Sie bitten, die Angehörigen des am Herzen _____ *(operieren)* Patienten zu informieren?
7	Könnten Sie mir die stark _____ *(sinken)* Verkaufszahlen mailen und die _____ *(reklamieren)* Ware ins Lager bringen?
8	Wären Sie so nett und machen von der _____ *(bezahlen)* Rechnung noch eine Kopie?
9	Seien Sie bitte so nett und bringen den _____ *(unterschreiben)* Vertrag ins Personalbüro.
10	Könnten Sie bitte das _____ *(braten)* Fleisch auf die Teller verteilen?
11	Ich bitte Sie, die auf der Liste _____ *(markieren)* Kunden anzurufen, um Sie zur Produktpräsentation einzuladen.
12	Ich möchte Sie bitten, alle zu _____ *(schreiben)* Formulare auf meinen Schreibtisch zu legen.
13	Es würde mir sehr helfen, wenn Sie morgen die _____ *(planen)* Arbeitsschutzbelehrung mit den Handwerkern übernehmen, da ich auf die andere Baustelle muss.
14	Übernehmen Sie bitte die Kontrolle der dort auf dem Tisch _____ *(liegen)* Frachtpapiere.

Füllen Sie die Satzlücken mit Partizip II und benutzen Sie dafür die Verben in der Klammer.

- *„Ist das der neue Dienstplan, Frau Faller?"*
- „Ja, Herr Hussan.- Einen Dienstplan benutzen die Mitarbeiter aller Branchen in Deutschland. Alle, in denen verschiedene Schichten und Dienste miteinander koordiniert (koordinieren) werden müssen."
- *Ich weiß, Frau Faller. – Alle Unternehmen, die rund um die Uhr 1_____ (besetzen) werden müssen, weil die Arbeitsabläufe nicht 2_____ (unterbrechen) werden sollen."*
- „Genau, Herr Hussan. Sie wissen ja Bescheid. – Warum wollten Sie eigentlich mit mir sprechen?"
- *"Ach ja, die Frühschicht muss am Mittwoch von einem Kollegen 3_____ (übernehmen) werden, da ich mit meinem Sohn einen Termin beim Kinderarzt habe."*
- „Gut, dass Sie Bescheid sagen, denn der Dienstplan muss 4_____ (ändern) werden. Aber das ist kein Problem, da er erst in drei Tagen 5_____ (ausgeben) werden soll. Übernehmen Sie dann am Mittwoch die Spätschicht, Herr Hussan?"
- *„Ja, so kann es 6_____ (eintragen) werden."*
- „Das mache ich gleich."
- *„Aber sagen Sie, warum kann der gesamte Dienstplan nicht in unserer Abteilung 7_____ (aushängen) werden? Da müsste man die Kollegen nicht fragen und wüsste sofort, wer und wo jemand eingesetzt ist."*
- „Das stimmt, aber der Datenschutz muss dabei 8_____ (beachten) werden. Der gesamte Dienstplan darf nur für alle 9_____ (veröffentlichen) werden, wenn alle Mitarbeiter damit einverstanden sind. – Und zwei Kollegen aus Ihrem Team haben dem Aushang des Dienstplanes nicht zugestimmt."
- *„Ach, das wusste ich nicht. Dann muss das wohl 10_____ (akzeptieren) werden."*
- „So ist es, Herr Hussan."

Markieren Sie im Text Passiv mit Modalverben.

AB 42: **Notwendige Tätigkeiten** (Passiv mit „müssen") © FR

Schreiben Sie Passiv-Sätze mit „müssen" und benutzen Sie dafür jedes Verb nur einmal.

müssen + Partizip II + werden

★reparieren ★ schneiden ★ sammeln ★ entladen ★ warten ★
★ prüfen ★ durchführen ★ auswerten ★ anziehen ★ bestellen ★
★ machen ★ kopieren ★ reinigen ★ waschen ★ färben ★

Beispiel: Die Maschine muss repariert werden.

1 Ich bin der Meinung, dass die Maschine dringend
_____ _____ _____.

2 Der eingelieferte Patient _____ _____
_____.

3 Die gelieferte Ware _____ _____
_____, bevor sie in den Verkauf kommt.

4 Die Laborwerte _____ _____ _____,
bevor wir die Operation planen.

5 Zuerst _____ Informationen _____
_____, damit wir einen Überblick über die
Marktsituation erhalten.

6 Die Arbeitsschutzbelehrungen _____ regelmäßig
_____ _____, um Unfälle zu vermeiden.

7 Für diesen Salat _____ das Gemüse sehr klein
_____.

8 Die Oberfläche _____ _____ _____,
wenn wir sie lackieren wollen.

9 Die Dokumente _____ _____ _____,
bevor sie an die Geschäftspartner verschickt werden.

10 Ein Hausbesuch _____ _____ _____,
da der Patient das Haus nicht verlassen kann.

11 Die Haare _____ geschnitten und _____
_____, damit die Frisur wieder schön aussieht.

12 Neue Rohstoffe _____ _____ _____,
damit keine Engpässe entstehen.

13 Die Schrauben _____ fest _____
_____, damit sie sich nicht lösen.

14 Damit wir neuen Sand holen können, _____ der
LKW _____ _____.

Füllen Sie die Satzlücken und
verwenden Sie dabei jedes Wort nur einmal.

Die Vereinbarung:
Fünf neue Mitarbeiter sollen eingestellt werden.

★ müssen ★ hiermit ★ fällen ★ gemeinsam ★ laut ★
★ Vereinbarung ★ fest ★ Einstellung ★ beschließen ★
★ lauten ★ treffen ★ verbleiben ★
★ Beschluss ★ einigen ★

1 Wir haben die ▮▮▮▮▮▮▮ getroffen, fünf neue Mitarbeiter einzustellen.

2 Dann halten wir ▮▮▮▮▮▮▮ : Wir stellen fünf neue Mitarbeiter ein.

3 ▮▮▮▮▮▮▮ ist vereinbart, dass fünf neue Mitarbeiter eingestellt werden.

4 In Absprache mit dem Betriebsrat haben wir uns darauf ▮▮▮▮▮▮▮ , dass fünf neue Mitarbeiter eingestellt werden.

5 Wir sind uns einig, dass fünf Mitarbeiter eingestellt werden ▮▮▮▮▮▮▮ .

6 Gemeinsam ▮▮▮▮▮▮▮ wir die Entscheidung, fünf neue Mitarbeiter einzustellen.

7 Die Vereinbarung beinhaltet die ▮▮▮▮▮▮▮ fünf neuer Mitarbeiter.

8 Es ist unsere ▮▮▮▮▮▮▮ Entscheidung, fünf neue Mitarbeiter einzustellen.

9 ▮▮▮▮▮▮▮ Vereinbarung sollen fünf neue Mitarbeiter eingestellt werden.

10 Wir sind so ▮▮▮▮▮▮▮ : Fünf neue Mitarbeiter sollen eingestellt werden.

11 Wir haben ▮▮▮▮▮▮▮ , fünf neue Mitarbeiter einzustellen.

12 Es wurde der ▮▮▮▮▮▮▮ gefasst, fünf neue Mitarbeiter einzustellen.

13 Es wurde die gemeinsame Entscheidung ▮▮▮▮▮▮▮ , fünf neue Mitarbeiter einzustellen.

14 Die Vereinbarung ▮▮▮▮▮▮▮ , fünf Mitarbeiter einzustellen.

Füllen Sie die Satzlücken und verwenden Sie dabei jedes Wort nur einmal.

★ unangenehm ★ sodass ★ aber ★ weil ★ erteilen ★ dass ★
★ Unterstützung ★ leider ★ können ★ obwohl ★
★ unpassend ★ Ausstand ★ Angebot ★ Verständnis ★

1	Es tut mir leid, _____ das geht nicht, weil ich jetzt die Medikamente ausgeben muss.
2	Ich muss _____ absagen, da ich am Montagnachmittag einen wichtigen Termin habe.
3	Das ist jetzt _____, da ich gerade einen wichtigen Kunden am Telefon habe.
4	Das _____ ich doch morgen erledigen. Da habe ich genügend Zeit dafür.
5	Bitte seien Sie nicht enttäuscht, _____ ich Ihnen absagen muss, aber leider geht es nicht anders.
6	Das würde ich morgen gern erledigen, _____ ich heute andere Arbeiten geplant habe.
7	Es ist mir zwar _____, aber ich kann diese Arbeit aus gesundheitlichen Gründen nicht erledigen.
8	Leider habe ich jetzt gleich eine wichtige Besprechung, _____ ich mich erst später um Ihr Problem kümmern kann.
9	Aufgrund meiner Erkrankung muss ich die Teilnahme an dem Lehrgang absagen und bitte um Ihr _____.
10	Bedauerlicherweise muss ich Ihnen eine Absage _____, da sich meine beruflichen Prioritäten kurzfristig geändert haben.
11	Ich kann Ihnen meine _____ leider nicht anbieten, da ich zeitlich in dem neuen Projekt stark eingebunden bin.
12	Danke für Ihr _____, die Projektleitung zu übernehmen, aber ich traue mir diese Aufgabe nicht zu.
13	Obwohl ich gern mit dir deinen _____ gefeiert hätte, muss ich absagen, da ich arbeiten muss.
14	_____ ich weiß, dass der Termin lange geplant war, muss ich ihn leider absagen, da sich kurzfristig wichtige Geschäftspartner angesagt haben.

AB 45: **Ein Feedback geben** © FR

Füllen Sie die Satzlücken mit einem Nomen und verwenden Sie dabei jedes Wort nur einmal.

★ Störung ★ Leistung ★ Erfolg ★ Qualität ★ Arbeit ★ Resultat ★
★ Erwartung ★ Eigeninitiative ★ Anlass ★ Lob ★ Verhalten ★
★ Gas ★ Anteil ★ Verkaufszahl ★

1	Dank Ihnen war die Produktpräsentation ein voller _____.	☹
2	Ich bin mit Ihrer Arbeit in unserem Team noch nicht zufrieden, da Sie zu wenig _____ zeigen.	☹
3	Sie haben uns bisher nicht enttäuscht, Ihre Arbeit gibt keinen _____ zur Kritik.	☹
4	Wir können stolz auf unsere geleistete _____ sein.	☹
5	Sie könnten noch mehr dazu beitragen, _____ der Arbeitsabläufe zu verhindern.	☹
6	Ich muss sagen, dass Sie unsere _____ übertroffen haben.	☹
7	Ein _____ für die hervorragende Arbeit der gesamten Abteilung!	☹
8	Die _____ der hergestellten Teile entsprach nicht ganz den Erwartungen unserer Kunden.	☹
9	Wir müssen mehr _____ geben, um unsere Ziele zu erreichen.	☹
10	Mit Ihrer _____ können wir keinen Blumentopf gewinnen.	☹
11	Die _____ der letzten Wochen waren ernüchternd.	☹
12	Sie haben großen _____ an der Steigerung der Umsätze im letzten Halbjahr.	☹
13	Unsere _____ sprechen für sich, wir haben unsere Marktposition verloren.	☹
14	Ihr _____ im Umgang mit den Patienten finde ich manchmal unangemessen.	☹

Markieren Sie die Sätze, die eine Kritik ☹ enthalten.

AB 46: Informationen weitergeben (Konjunktiv I) © FR

Füllen Sie die Satzlücken mit Verben im Konjunktiv I im Präsens und verwenden Sie dabei alle Wörter außer „haben" und „sein" nur einmal.

★kommen★gehen★finden★entsorgen★verbrennen★
★sein★haben★

*Beispiel: Herr Hussan betonte, dass es wichtig **sei**, dass er und seine Kollegen eine große Menge Müll **recycle** und zu Kompost **verarbeite**.*

1	Laut Aussage des Bauleiters _____ die Heizkörper gestern noch nicht montiert worden.
2	In dem Bericht stand, dass man immer mehr Müll _____, obwohl dabei hochgiftige Stoffe freigesetzt würden.
3	Der Kollege sagte, dass es kein Problem _____, den LKW vor der Mittagspause zu entladen.
4	Beim Mittagessen habe ich gehört, dass es in der Werkstatt einen Unfall gegeben _____.
5	Die Sekretärin meinte, bei dem Gespräch _____ es um die Organisation der Weiterbildung.
6	Der Mitarbeiter berichtete, dass die Baufirma ihren Müll in unseren Abfallcontainern _____.
7	Mein Kollege denkt, er _____ an seinem Arbeitsplatz unersetzbar.
8	Meine Kollegin erzählte mir, dass sie in der nächsten Woche Frühschicht _____.
9	Seiner Ansicht nach _____ es sehr wichtig, Abfälle und Müll so zu verwerten, dass man Energie gewinne.
10	Der Kollege sagte am Telefon, dass er den Schlüssel nicht _____.
11	Herr Hussan hat telefonisch mitgeteilt, dass er heute nicht _____, da er krank sei.
12	Der Chef der Spedition erklärte gerade seinen Fahrern, dass es wichtig _____, den Tourenplan einzuhalten.
13	Der Oberarzt sagte, dass er jetzt keine Zeit _____, da er den Unfallpatienten sofort operieren müsse.
14	Nach Aussage des Küchenchefs _____ die Obstlieferung unvollständig, sodass er den Dessertvorschlag ändern müsse.

Füllen Sie die Satzlücken mit einem Verb und verwenden Sie dabei jedes Wort nur einmal.

Beispiel: <u>Hätten</u> die Kollegen den Müll <u>getrennt</u>, <u>hätten</u> sie ihn jetzt nicht **sortieren** <u>müssen</u>.

★durchführen★akzeptieren★beraten★machen★**sortieren**★
★sagen★warten★absprechen★produzieren★
★benutzen★annehmen★absolvieren★liefern★

1	Wir hätten mit den Kindern am Vormittag den Spaziergang ⬜ sollen, denn da hat es noch nicht geregnet.
2	Der Kollege hätte uns rechtzeitig Bescheid ⬜ sollen, dann müssten wir den Dienstplan nicht ändern.
3	Herr Hussan hätte die Weiterbildung ⬜ sollen, dann wäre er sicherlich Abteilungsleiter geworden.
4	Hätten wir mehr Mitarbeiter zur Verfügung gehabt, hätten wir den Großauftrag ⬜.
5	Wir hätten die Maschine schon vor Wochen ⬜ sollen, dann wäre sie jetzt nicht kaputt.
6	Hätte ich die Kundin besser ⬜, dann wäre sie mit ihrer neuen Frisur glücklicher gewesen.
7	Wir hätten den anderen Kleber ⬜ sollen, dann müssten wir jetzt nicht nachbessern.
8	Hätte der Lieferant die bestellte Ware pünktlich ⬜, müsste ich jetzt keine Beschwerde schreiben.
9	Sie hätten den Weiterverkauf von Werkstoffen mit mir ⬜ müssen, um Ärger zu vermeiden.
10	Wären wir mit unserem Vorschlag schneller gewesen, hätten wir dieses Produkt ⬜ können.
11	Die Kollegen hätten flexible Arbeitszeiten ⬜ sollen, dann müssten sie keine Freistellungen für jeden privaten Termin beantragen.
12	Hätte ich den Materialtest ⬜, wäre mir die schlechte Qualität des Kunststoffes aufgefallen.

AB 48: Dialog zur Weiterbildung (Infinitiv mit zu) © FR

Füllen Sie die Satzlücken mit einem passenden Verb und verwenden Sie dabei jedes Wort nur einmal.

★halten★kennenlernen★arbeiten★argumentieren★
★teilnehmen★nachdenken★fühlen★werden★
★verbessern★führen★ besuchen★

- „Sie sind in unserem Unternehmen als Vertriebsingenieur tätig, obwohl Sie nur über wenige praktische Erfahrungen auf diesem Gebiet verfügen. Das wollen wir ändern. Wir möchten Sie zu einem Grundlagentraining für Vertrieb und Verkauf schicken, um wichtige Werkzeuge und Arbeitstechniken
1   .
Sie werden dort lernen Verkaufsgespräche aktiver und kundenorientierter zu 2   .
Kann ich Sie für diese Weiterbildung anmelden?"

- **„Ohne lange darüber 3   kann ich meine Zustimmung geben, denn es war immer mein Wunsch, eine Weiterbildung im Verkauf zu 4   . Wie wird diese Weiterbildung durchgeführt?"**

- „Sie werden drei Tage in Hamburg verbringen, um am Präsenzunterricht 5   . Die anderen Teile der Weiterbildung werden online angeboten, um den Arbeitsausfall in Grenzen zu 6   ."

- **„Das klingt doch gut. – Vielleicht kann ich durch dieses Training lernen, meine Abschlusschancen zu 7   , damit wir unsere Vertriebsziele effektiver erreichen."**

- „Da bin ich ganz optimistisch, Herr Hussan. – Das Training gibt Ihnen die Möglichkeit, an Ihrer Gesprächsführung zu 8   und sicherer im Umgang mit unseren Kunden zu 9   . – Ich weiß, dass es Ihnen oft unangenehm war, bei Einwänden des Kunden zu 10   ."

- **„Das stimmt, daran muss ich unbedingt arbeiten."**

- „Sie schaffen das, Herr Hussan. Die Weiterbildung wird Ihnen auf jeden Fall helfen, die richtigen Argumente zu finden, ohne sich unwohl zu 11   ."

- **„Bitte informieren Sie mich noch in dieser Woche über die Einzelheiten der Weiterbildung."**

- „Das mache ich gern, Herr Hussan."

AB 49: Alternativen zur Betriebsfeier
© FR

Füllen Sie die Satzlücken und verwenden Sie dabei jedes Wort nur einmal.

★ alternativ ★ verzichten ★ anstatt ★ zu ★ vorstellen ★
★ bestehen ★ Alternative ★ möglich ★
★ denkbar ★ vorschlagen ★ Möglichkeit ★
★ wenn ★ davon ★ Essen ★

1	_____ die Betriebsfeier im Speisesaal durchzuführen, könnten wir einen Festsaal mieten.
2	Eine andere _____ ist, die Betriebsfeier durch eine Betriebsfahrt zu ersetzen.
3	Statt eine Band _____ engagieren, könnten wir einen DJ buchen.
4	Wie wäre es, _____ wir ein Quiz zur Betriebsfeier machen?
5	Wer könnte sich _____, die Betriebsfeier außerhalb des Betriebsgeländes zu veranstalten?
6	Was haltet ihr _____, wenn wir die Betriebsfeier an einem Freitag planen?
7	Eine _____ wäre eine Feier in der Kulturscheune unserer Stadt.
8	Wäre es nicht besser, eine Cateringfirma mit dem _____ zu beauftragen?
9	Ich möchte eine Alternative _____. Wir könnten die Betriebsfeier außerhalb unseres Unternehmens organisieren.
10	Es wäre auch _____, zur Betriebsfeier Spezialitäten vom Grill anzubieten.
11	_____ könnten wir auch im Restaurant gegenüber unserer Firma feiern, dann hätten wir weniger Arbeit.
12	Vielleicht ist es _____, unsere ausländischen Gäste zur Betriebsfeier einzuladen.
13	Mein Vorschlag aber wäre, nicht auf eine musikalische Umrahmung der Feier zu _____.
14	Es _____ auch die Möglichkeit, die Betriebsfeier auf den nächsten Monat zu verschieben.

1 Der Vorteil einer Checkliste ist, dass sie alle wichtigen Informationen enthält, ▓▓▓▓▓▓ für das Erledigen sich wiederholender Aufgabe am Arbeitsplatz notwendig sind.

2 Für eine Checkliste spricht, dass sie eine gute Arbeitshilfe für jeden ist, ▓▓▓▓▓▓ neu am Arbeitsplatz ist oder noch keine Routine entwickelt hat.

3 Einfachheit und Übersichtlichkeit sprechen für den Einsatz von Checklisten, an ▓▓▓▓▓▓ Effektivität heute niemand mehr zweifelt.

4 Von Vorteil ist, dass man in seiner Checkliste eine Folge der Arbeitsschritte findet, ▓▓▓▓▓▓ logisch ist.

5 Vorteilhaft ist, dass eine Checkliste, ▓▓▓▓▓▓ am Arbeitsplatz genutzt wird, nicht nur von Experten, sondern auch von jeder Arbeitskraft individuell erstellt werden kann.

6 Die Checkliste ist ein nützliches Arbeitsinstrument, mit ▓▓▓▓▓▓ Hilfe ein Mitarbeiter im Vertretungsfall die Arbeit des Kollegen fortsetzen kann.

7 Es gehört zu den Vorteilen einer Checkliste, jede Tätigkeit, ▓▓▓▓▓▓ zum Arbeitsalltag gehört, verständlich und anschaulich zu beschreiben.

8 Dank einer Checkliste lässt sich wertvolle Zeit einsparen, ▓▓▓▓▓▓ für andere Tätigkeiten genutzt werden kann.

9 Mittels einer Checkliste lassen sich Arbeitsabläufe besser prüfen, ▓▓▓▓▓▓ Kontrolle zur Qualitätssicherung gehört.

10 Eine Checkliste bietet den Vorteil, die Tätigkeiten, ▓▓▓▓▓▓ man am Arbeitsplatz ausführen muss, besser zu strukturieren.

11 An unseren Checklisten, mit ▓▓▓▓▓▓ wir arbeiten, finde ich positiv, dass sie auch leere Spalten haben, um eigene Notizen einzutragen.

12 Das Schreiben einer Checkliste ist zu empfehlen, da ein Fehler, ▓▓▓▓▓▓ vielleicht innerhalb der Arbeitsabläufe auftritt, vermieden werden kann.

13 Erfreulich sind die positiven Effekte bei der Verwendung von Checklisten, durch ▓▓▓▓▓▓ sich Produktivität und Effizienz in einem Unternehmen steigern lassen.

Lösungen

AB	Lösungen
1	1 beendet 2 melden 3 nehmen 4 machen 5 vorlegen 6 erfüllt 7 beantragen 8 berät 9 halten 10 erweitern 11 zeigt 12 stellt 13 bekommt 14 verpflichtet
2	1 aufgrund 2 als + als + an 3 innerhalb/ während + nach 4 am + um + bei 5 während + von 6 auf + seit 7 auf 8 vor 9 an + bei 10 an 11 zu 12 über 13 um 14 trotz + zur
3	1 b 2 c 3 a 4 b 5 a 6 c 7 b 8 a 9 c 10 b
4	1☹Bedauern + berücksichtigen 2☺ Qualifikation/ Fachkompetenz 3☹ Fachkompetenz/ Qualifikation 4☹ Entlastung 5☹ Entscheidung 6☺ Bescheid 7☺ darüber 8☹ weiterhin 9☺ Stelle 10☹ Verständnis 11☺ Verbindung 12☹ danken 13☺ Arbeitsvertrag 14☺ Freude
5	1 Verantwortungsbereiche 2 Entscheidung 3 Erfolg 4 Entwicklungschancen 5 Studium 6 Einarbeitung 7 Abteilung 8 Stellenwert 9 Unternehmenskultur 10 Probleme 11 Weiterbildungsmöglichkeiten 12 Leistung 13 Home-Office 14 Überstunden
6	1vereinbaren/ festlegen/ ausmachen 2 bestätigt 3 wahrnehmen 4 verschieben 5 versäumen 6 abgesagt 7 holen 8 erhalten 9 absprechen 10 ausmachen/ festlegen / vereinbaren 11 geben lassen 12 bittet 13 vorschlagen 14 festzulegen/ ausmachen/ vereinbaren
7	1 Stelle 2 Amt 3 Stellenanzeigen 4 Anerkennung 5 Bildermappe 6 Qualifikationen 7 Bewerbungsdesign 8 Arbeitgeber 9 Bewerbungsmuster 10 Hochschule + Studienplatz 11 Bewerber 12 Konjunktivs 13 Lebenslauf 14 Bewerberprofil
8	1 beruflicher Werdegang 2 Berufsbild 3 duale Ausbildung 4 Arbeitszeugnis 5 Berufsfeld 6 Bewerberprofil 7 Facharbeiter 8 Jobbörse 9 Referenz 10 Soft Skills 11 Hard Skills 12 Arbeitsentgelt 13 Initiativbewerbung 14 Führungskraft

9	**1** bewerben **2** reizt **3** abgeschlossen/ absolviert **4** absolviert/ abgeschlossen **5** breite vor **6** sammeln **7** ausgeübt **8** erweitern **9** bieten **10** erfüllen **11** würde **12** aufbauen **13** stehe
10	**1** um **2** für **3** aus **4** auf **5** durch **6** nach **7** mit **8** auf **9** im **10** an **11** mit **12** in **13** zu
11	**1** als **2** Festanstellung **3** Leiharbeiter **4** während **5** Produktionsabläufe **6** sammeln **7** bisher **8** daher **9** um **10** könnte/ kann **11** vorstellen **12** würde **13** feste **14** fällt **15** stehe **16** zur
12	**1** Arbeitsteam 🏭 **2** Arbeit **3** Gute 🏭 **4** Erfolg 🏭 **5** Zusammenarbeit 🏭 **6** Gelingen 🏭 **7** Umsatz 🏭 **8** Zukunft 🏭 **9** Arbeitsstelle **10** Job **11** Freude 🏭 **12** Eindrücken 🏭 **13** Start 🏭 **14** Einarbeitung 🏭
13	**1** werde angekommen sein **2** werde angezogen haben **3** werde getroffen haben **4** werde kennengelernt haben **5** werde geschafft haben **6** werde gearbeitet haben **7** werde gehört und gesehen haben **8** werde gewöhnt haben **9** werde vergessen haben
14	**1** Geschäftsführer **2** Bereichsleiter **3** Abteilungsleiter **4** Ausbilderin **5** Auszubildenden **6** Gesellen **7** Meisterin **8** Facharbeiter **9** Qualitätsbeauftragten **10** Projektleiterin **11** Betriebsratsvorsitzenden **12** Sicherheitsbeauftragten **13** Führungskraft **14** Ersthelfer
15	**1** wenden **2** legen **3** bringen mit **4** schicken **5** übernehmen **6** veranlassen **7** erkundigen **8** liefern **9** führen durch **10** fragen nach **11** koordinieren **12** besprechen **13** ermitteln **14** kümmern
16	**1 V**: Arbeitsabläufe werden mit dem Chef besprochen. **Z**: Die Arbeitsabläufe sind (mit dem Chef) besprochen. **2 V**: Die Bestellung wird (von Frau Rieger) storniert. **Z**: Die Bestellung ist storniert. **3 V**: Wichtige Vereinbarungen werden (von den Gesprächspartnern) getroffen **Z**: Wichtige Vereinbarungen sind getroffen. **4 V** Die Maschine muss noch repariert werden. **Z**: Die Maschine ist schon repariert. **5 V**: Der Vertrag wird unterschrieben. **Z**: Der Vertrag ist unterschrieben.

	6 V: Die Zollpapiere müssen (von Frau Izgedör) geprüft werden. **Z**: Die Zollpapiere sind schon geprüft. **7 V**: Die Besprechung wird um 10 Uhr (von Herrn Schmidt) beendet. **Z**: Die Besprechung ist um 10 Uhr beendet. **8 V**: Die Überweisung wird (vom Hausarzt) ausgefüllt. **Z**: Die Überweisung ist ausgefüllt. **9 V**: Die Lieferanten werden (von der Buchhalterin) bezahlt. **Z**: Die Lieferanten sind bezahlt. **10 V**: Rohstoffe müssen (vom Lagerarbeiter) sortiert werden. Z: Rohstoffe sind schon sortiert. **11 V**: Neue Werbekampagnen werden (von meinem Team) entwickelt. **Z**: Neue Werbekampagnen sind entwickelt.
17	**1** reklamieren **2** storniert **3** exportieren **4** pflegen **5** gebucht **6** erstellen **7** kalkuliert **8** gesichtet **9** akquirieren **10** geprüft **11** preisen aus **12** aufgefüllt **13** erteilt **14** betreuen
18	**1** renovieren **2** fliesen **3** lackieren **4** verlegen **5** montieren **6** decken **7** anschließe **8** biegen **9** bauen **10** bohren **11** messen **12** installieren **13** verputzen **14** saniert
19	**1** hergestellt **2** bestückt **3** umgeformt **4** gefräst **5** montiert **6** durchgeführt **7** verpackt **8** bearbeitet **9** gearbeitet **10** belegt **11** geschnitten **12** umgestellt **13** geschweißt **14** gegossen
20	**1** ausheben **2** erstellen **3** mauern **4** befestigen **5** lassen **6** verlegen **7** eingebaut **8** verputzt **9** montieren **10** verarbeitet **11** gesiebt **12** einzuschalen **13** durchgeführt **14** führen
21	**1** gewogen **2** lagern **3** zusammengestellt **4** erkennen **5** beachtet **6** verpackt **7** fahren **8** erstellt **9** ermittelt **10** beladen **11** bedienen **12** gekennzeichnet **13** beschaffen **14** geprüft
22	**1** aufgenommen **2** durchzuführen **3** röntgen **4** vorzuschlagen **5** impfen **6** verabreichen **7** fragen **8** verständigen **9** messen **10** ermitteln **11** abwarten **12** entnehmen **13** entlassen **14** verlegt

23	1 reagieren 2 kommunizieren 3 investieren 4 benachrichtigen 5 akzeptieren 6 respektieren 7 besprechen 8 unterbreiten 9 orientieren 10 erarbeiten 11 konzentrieren 12 intervenieren 13 aktivieren 14 analysieren
24	1 signalisiert 2 erledigen 3 erfragen 4 präsentieren 5 kontaktieren 6 einzubringen 7 reichen ein 8 vorzuschlagen 9 bieten an 10 führen 11 hinterfragen 12 erteilen 13 übernehmen 14 üben
25	1 orientiert 2 angeboten 3 geplant 4 geworfen 5 zugestellt 6 aussortiert 7 frankieren 8 vorbereitet 9 beachtet 10 annehmen 11 sortiert 12 vermieden 13 ausgedruckt 14 erfasst
26	1 bearbeiten 2 gestalten 3 jäten 4 fegen 5 beschneiden 6 kultivieren 7 lagern 8 mähen 9 bestellen 10 ausbringen 11 versorgen 12 düngen 13 warten 14 beliefern
27	1 betreuen 2 fördern 3 beobachten 4 beurteilen 5 beaufsichtigen 6 führen 7 dokumentiert 8 reflektieren 9 beraten 10 pflegst 11 organisierst 12 vorzubereiten 13 vermitteln 14 auszuarbeiten
28	1 vermute/ glaube 2 sein 3 möglicherweise/ vermutlich 4 bestellt 5 soll/ dürfte/ wird 6 glaube/ vermute 7 dürfte/ könnte/ soll/ wird 8 kann/ könnte 9 nehme an 10 haben 11 erfolgte 12 dürfte/ soll/ wird 13 Vermutung 14 vermutlich/ möglicherweise
29	1 vorschlagen 2 sollte 3 Augen 4 könnten/ können 5 Projektleiter 6 würde 7 wäre 8 übertragen 9 vorstellen 10 begrüßen 11 unterbreiten 12 übernimmt 13 Übernahme 14 Projektleitung
30	1 Bestellung 2 Erhalt 3 Entwicklung 4 Behauptung 5 Kampf 6 Umstellung 7 Senkung 8 Leitung 9 Lagerung 10 Bildung 11 Bearbeitung 12 Beschluss 13 Erwerb 14 Erarbeitung

31	**1** Rezeptionisten **2** Praktikanten **3** Architekten **4** Pianisten **5** Kunden **6** IT-Experten **7** Migranten **8** Studenten **9** Pädagogen **10** Kollegen **11** Produktfotografen **12** Vorsitzenden **13** Vorgesetzten **14** Patienten
32	**1** Anerkennung **2** Außendienst **3** Gehalt **4** Stress **5** Arbeit **6** bessere **7** anspruchsvolle **8** Betriebsklima **9** Sozialleistungen **10** monoton **11** Studium **12** Vorgesetzten **13** Arbeitsmodelle **14** flexible
33	**1** eingeladen **2** übernommen **3** gefertigt **4** eingearbeitet **5** erstellt **6** vereinbart **7** verkauft **8** gewartet **9** geschnitten **10** geputzt **11** geschrieben **12** zugestellt **13** geimpft **14** beraten
34	**1 be**kommen **2 be**laden **3 er**frage **4 er**werben **5 be**stellen **6 <u>auf</u>**geschrieben **7 <u>zer</u>**rissen **8 <u>ab</u>**lege **9 <u>vor</u>**zunehmen **10 <u>auf</u>**gerufen **11 <u>ein</u>**tragen **12 <u>aus</u>**rechnen **13 <u>aus</u>**gefüllt **14 <u>ein</u>**gegeben **15 über**prüft **16 er**folgen **17 <u>ab</u>**zuschließen **18 <u>durch</u>**gelesen **19 <u>weg</u>**geschickt **20 ver**längern
35	**1** auf dem **2** auf den **3** in den **4** in dem (im) **5** in den **6** aus dem **7** in den **8** in den **9** in den **10** in den **11** in das **12** in den **13** auf die **14** in dem (im)
36	**1** während **2** angesichts **3** aufgrund **4** zwecks **5** trotz **6** laut **7** oberhalb **8** innerhalb **9** dank **10** bezüglich **11** anhand **12** anlässlich **13** inmitten **14** jenseits
37	**1** Anlieferung **2** Lieferschein **3** Empfängers **4** Lieferdatum **5** quittieren **6** Quittung **7** unbeschädigt **8** beschädigt **9** frei **10** Tür **11** mangelhaft **12** Abholung **13** beanstandet **14** Preisnachlass
38	**1** geplante **2** vorliegende **3** schimpfend **4** korrigierte **5** unterschriebene **6** zögernd **7** beschädigte **8** lächelnd **9** gelieferten **10** gestiegenen **11** berechtigte **12** interessierten **13** beantragten **14** vereinbarten
39	**1** gefärbten **2** bestellte **3** reparierenden **4** schimpfenden **5** reparierte **6** schlafenden **7** eingeladenen **8** eingereichten **9** beschmutzten **10** arbeitenden **11** geforderte **12** gebackenen **13** verputzten **14** eingegangene **15** erteilten **16** schimpfend **17** liefernden

40	1 reparierten 2 anhängende/ angehängte 3 übersetzte 4 wartenden 5 gelieferten 6 operierten 7 gesunkenen/ sinkenden + reklamierte 8 bezahlten 9 unterschriebenen 10 gebratene 11 markierten 12 schreibenden 13 geplante 14 liegenden
41	1 besetzt 2 unterbrochen 3 übernommen 4 geändert 5 herausgegeben 6 eingetragen 7 ausgehängt 8 beachtet 9 veröffentlicht 10 akzeptiert
42	1 gewartet werden muss 2 muss gewaschen werden 3 muss geprüft werden 4 müssen ausgewertet werden 5 müssen gesammelt werden 6 müssen durchgeführt werden 7 muss geschnitten werden 8 muss gereinigt werden 9 müssen kopiert werden 10 muss gemacht werden 11 müssen gefärbt werden 12 müssen bestellt werden 13 müssen angezogen werden 14 muss entladen werden
43	1 Vereinbarung 2 fest 3 hiermit 4 geeinigt 5 müssen 6 fällten 7 Einstellung 8 gemeinsame 9 laut 10 verblieben 11 beschlossen 12 Beschluss 13 getroffen 14 lautet
44	1 aber 2 leider 3 unpassend 4 könnte 5 dass 6 weil 7 unangenehm 8 sodass 9 Verständnis 10 erteilen 11 Unterstützung 12 Angebot 13 Ausstand 14 obwohl
45	1 Erfolg 2 Eigeninitiative ☺ 3 Anlass 4 Arbeit 5 Störungen ☹ 6 Erwartungen 7 Lob 8 Qualität ☹ 9 Gas ☹ 10 Leistung ☹ 11 Resultate ☹ 12 Anteil 13 Verkaufszahlen ☹ 14 Verhalten ☹
46	1 seien 2 verbrenne 3 sei 4 habe 5 gehe 6 entsorge 7 sei 8 habe 9 sei 10 finde 11 komme 12 sei 13 habe 14 sei
47	1 machen 2 sagen 3 absolvieren 4 angenommen 5 warten 6 beraten 7 benutzen 8 geliefert 9 absprechen 10 produzieren 11 akzeptieren 12 durchgeführt
48	1 kennenzulernen 2 führen 3 nachzudenken 4 besuchen 5 teilzunehmen 6 halten 7 verbessern 8 arbeiten 9 werden 10 argumentieren 11 fühlen

49	1 anstatt 2 Möglichkeit 3 zu 4 wenn 5 vorstellen 6 davon 7 Alternative 8 Essen 9 vorschlagen 10 denkbar 11 alternativ 12 möglich 13 verzichten 14 besteht
50	1 die 2 der 3 deren 4 die 5 die 6 dessen 7 die 8 die 9 deren 10 die 11 denen 12 der 13 die

Sprachbausteine Deutsch B2
Allgemeinsprachliche Lückentexte

Paperback
62 Seiten
ISBN-13: 9783750418226

Sprachbausteine Deutsch B2 ist ein Arbeitsheft für Lernende, die sich bereits auf dem Weg zum Erwerb des Sprachniveaus B2 (GER) befinden. Anhand allgemeinsprachlicher Lückentexte können nicht nur wichtige Sprachbausteine getestet und geübt, sondern auch der deutsche Wortschatz gefestigt und erweitert werden. Das Arbeitsheft beinhaltet einen Lösungsteil mit Hinweisen. Sprachbausteine sind ein wichtiger Bestandteil allgemeinsprachlicher und berufsbezogener B2-Prüfungen.

Deutsch B2 Sprachbausteine und Satzbau
(mit Lösungen)
50 Arbeitsblätter für Lernende oder Lehrende

Frauke Rüffel

Paperback
92 Seiten
ISBN-13: 9783752607451

SPRACHBAUSTEINE ist ein Aufgabenformat, bei dem einzelne Wörter korrekt in einen Lückentext eingefügt werden müssen. Diese Wörter haben nicht nur lexikalische und grammatikalische Eigenschaften, sondern auch eine bestimmte Funktion und Position im Satz.
Hierzu bietet die Arbeitsblattsammlung verschiedene Übungsaufgaben an, die ausschließlich zum Training bereits vermittelter Sprachkompetenzen dienen. Das Übungsheft ist für Lernende und Lehrende geeignet.

Buchempfehlungen für Geschenkbücher

Frauke Rüffel

- **Kollegin, ich feiere dich**
  ISBN-13: 9783751956048

- **Kollegin, wir feiern dich**
  ISBN-13: 9783751952798

- **Kollege, ich feiere dich**
  ISBN-13: 9783751923750

- **Kollege, wir feiern dich**
  ISBN-13: 9783751924412

- **Kollegin, wir feiern dich zum Abschied**
  ISBN-13: 9783751969772

- **Kollege, wir feiern dich zum Abschied**
  ISBN-13: 9783751924207

Jedes Geschenkbuch ist ein lustiges Geschenk für einen ganz besonderen Kollegen oder eine ganz besondere Kollegin. Sie können das Büchlein zu einem wichtigen Anlass oder auch nur als Zeichen inniger Verbundenheit verschenken. Durch das Ankreuzen und Ergänzen humorvoller Botschaften verleihen Sie dem Büchlein eine persönliche Note.